아무것도
생각하지
않기로 했다

"BONYARI"GA NO WO SEIRISURU by Yohei Sugawara

Copyright ⓒ2016 Yohei Sugawara
All rights reserved.
Original Japanese edition published by DAIWASHOBO CO.,LTD.
Korean translation copyright ⓒ2017 by FANDOMBOOKS
This Korean edition published by arrangement with DAIWASHOBO CO.,LTD., Tokyo,
through HonnoKizuna, Inc., Tokyo, and PLS Agency

이 책의 한국어판 저작권은 PLS와 HonnoKizuna를 통한 저작권자와의 독점 계약으로 팬덤북스에 있습니다. 신저작권법에 의하여 한국어판의 저작권 보호를 받는 서적이므로 무단 전재와 복제를 금합니다.

아무것도 생각하지 않기로 했다

스가와라 요헤이 지음
김지은 옮김

팬덤북스

CONTENTS

PROLOGUE	아무것도 생각하지 않는 시간의 힘	8
PART 1 **아이디어는 '기억의 정리'로 탄생한다**	아이디어 탄생을 방해하는 5가지 NG 행동	17
	NG 행동 1. 인터넷상의 글을 꼼꼼히 읽는다	19
	NG 행동 2. 입문부터 공부한다.	23
	NG 행동 3. 차분할 때 생각하자며 숙제로 남겨 둔다	29
	NG 행동 4. 장소를 바꿔 카페에서 작업한다	32
	NG 행동 5. 아이디어에 대해 논의한다	37
PART 2 **깨달음은 재능이나 우연이 아닌 '기술'**	생각은 뇌의 어느 부위에서 이루어질까?	45
	뇌는 경쟁을 통해 유연하게 작용한다	49
	뇌는 마음 혹은 나와는 별개의 것	55
	① 실행 네트워크 : 뇌 외부에 주의를 기울인다	59
	② 디폴트 모드 네트워크 : 뇌 내부에 주의를 기울인다	62
	③ 현출성 네트워크 : 두 가지 네트워크를 전환한다	66

PART 3	번뜩이는 아이디어란 '머릿속에 있는 답'을 깨닫는 것	75
	오류배제학습이 '깨달음'을 만든다	80
아이디어를	자신에게 주는 과제는 '스몰 스텝'으로!	84
얻기 위해서는	뇌가 자동으로 움직이는 '자기 조직화'에 맡겨 보자	88
'깨달음'이	'○○ 완료'라는 말을 습관화하자	91
필요하다	'이해한 줄 알았던 것'을 다시 배움으로써 '깨닫기'	94
	'보지 않고', '듣지 않을' 정보를 결정한다	98
	정보 접하는 횟수를 하루 2번으로 제한하기	103
	중요한 일은 '이중 기억'으로 보관한다	107
	생각할 때 '말해야 하는' 2가지 이유	111
	'틀'을 습득해서 정보의 압축력을 높이기	115

CONTENTS

PART 4 그저 '멍 때리는' 것만으로는 떠오르지 않는다	'뇌의 작업을 방해하지 않는 것=멍 때리는 것'	121
	'멍 때리기'의 힘은 충분한 수면에 있다	125
	'좋은 멍 때리기'와 '나쁜 멍 때리기'	128
	좋은 멍 때리기를 만드는 열쇠는 '타이밍'	131
	'나'와 '사고' 사이에 거리를 두자	135
	'멍 때리기 사고'에는 최종 목표가 없다	139
	90분마다 하던 일을 멈추고 멍 때리기	142
	좋은 멍 때리기를 위한 방법 1. 초점 맞추지 않기	145
	좋은 멍 때리기를 위한 방법 2. 예측 가능한 소리만 듣기	149
	좋은 멍 때리기를 위한 방법 3. 엉덩이에 힘주고 걷기	152
	좋은 멍 때리기를 위한 방법 4. 꼭꼭 씹어 먹기	154
	좋은 멍 때리기를 위한 방법 5. 화장실에 시간 들이기	157
	좋은 멍 때리기를 위한 방법 6. 잠들기 시작할 때 가볍게 졸기	160

PART 5	깨달음의 순간, 뇌는 '나'에게서 멀어진다	167
―	찾아오는 깨달음, 찾아가는 깨달음	172
'메타 인지' :	메타 인지 능력을 높이기 위한 작업	178
깨달음은	깨달음을 얻었을 때는 한 가지에 집중하자	181
어디에서	아이디어를 떠올리는 과정을 재현하기	185
오는가		

PART 6	조직은 개인의 깨달음만으로 돌아가지 않는다	191
―	'○○ 완료'라고 상대에게 언어화시킨다	195
일을	상대의 뇌가 내향 네트워크를 이용하고 있다는 신호	198
성공시키려면	상대의 뇌에 메타 인지를 만드는 5가지 질문	204
상대의		
깨달음이		
필요하다		

PROLOGUE

아무것도 생각하지 않는 시간의 힘

물리학자 아이작 뉴턴Isaac Newton은 사과나무에서 사과가 떨어지는 것을 보고 만유인력을 발견했다.

이처럼 '역사적 인물이나 위대한 발명가들은 일에 한창 집중하는 순간뿐 아니라 멍하니 있을 때 혹은 전혀 상관없는 일을 하다가 갑자기 큰 깨달음을 얻었다'고 한다. 사실 여부를 떠나 어린 시절부터 우리는 이 말을 많이 들어왔다.

이 말을 토대로 단순하게 생각해 보자. 결론은 일을 하면서 깨달음(아이디어)을 얻거나 눈앞에 놓인 문제를 해결하려면 일과 상관없는 행위를 해야 한다는 것이다. 과연 우리가 그럴 수 있을까.

실제로 일을 하다 말고 멍하니 있다가는 '멍 때릴 시간이 있으면 일을 하라'는 상사의 불호령이 떨어질 것이다.

'쉬지 않고 일하는 것이 미덕'이라는 풍조가 사회 전반에 깔려 있기 때문이다.

일하다가 잠시 멍 때리는 시간을 갖는 것, 먹고 자는 시간을 줄여서 일에 몰두하는 것. 둘 중에 어느 쪽이 더 효율적인 성과를 낼 수 있을까?

매스컴에서는 멍 때리는 시간이 중요하다며 종종 화제로 다루기도 한다. 물론, 프리랜서 등 자기 재량으로 일의 진도를 정할 수 있는 사람이라면 그럴 수도 있을 것이다.

하지만 직장 생활을 하는 사람들은 상사나 거래처의 일정에 맞춰야 하기에 멍 때리고 있기가 쉽지 않다. 그중에는 역사적인 이야기를 따라 해 볼 만큼 한가하지도 않고, 멍 때리면서 깨달음을 얻는 일은 이론적으로나 가능하다

PROLOGUE

고 믿는 사람도 있을 것이다.

과연 휴식 없이 일하는 사람들에게도 깨달음을 얻는 방법이 존재할까? 이에 나는 뇌의 재활을 전문 분야로 다루는 작업치료사로서, 의료 현장에서 체득한 방법을 소개하려 한다. 손상된 뇌를 회복시키는 임상 현장의 지식과 경험은 뇌의 힘을 최대한 발휘하게 도와줄 것이다.

우리 뇌는 먹고 자는 것을 잊은 채 열심히 훈련해도 결코 빨리 회복되지 않는다. 손이 움직이지 않는 경우, 건망증이 심한 경우 등 여러 문제를 극복하고 제 기능을 찾는 것, 즉 뇌가 회복하는 과정에는 일종의 법칙이 존재한다.

이는 역사적으로 위대한 사람들의 에피소드 혹은 비즈니스에서 새로운 가치가 탄생하는 순간에 공통적으로 나타나는데, 그 법칙은 다음과 같다.

법칙 1. 뇌 속에 있는 답 알아채기
법칙 2. 멍 때리기
법칙 3. 자신을 외부의 관점에서 보기

이것이 인간의 뇌가 깨달음을 얻고 앞으로 한 걸음 나아갈 때 나타나는 공통점이다. 위 순서로 실행하기만 하면 되는데, 이 세 가지 중 하나라도 제대로 이루어지지 않으면 아이디어를 만들어 낼 수 없다.

반대로 위 세 가지 법칙을 모두 잘 실행할 수 있다면 쉬지 않고 일해야 하는 사람도 아이디어에 대한 깨달음을

PROLOGUE

얻을 수 있다. 그 힘이 향상되면 바쁜 일상 속에서도 각자의 라이프 스타일에 맞춰 효과적으로 아이디어를 만들 수 있다.

이 책에는 스스로 일정을 조율하며 일해도 되는 사람은 물론이고, 항상 책상 앞에 앉아 있어야 하는 회사원, 다른 사람의 일정에 맞춰 일해야 하는 사람들을 위한 '지금 바로 아이디어를 생산하는 방법'이 담겨 있다.

간혹 아이디어를 만드는 법칙과는 정반대의 행동으로 잘못된 노력을 하는 사람들이 있는데, 그렇게 되면 정신만 피폐해진다. 그런 상황을 피하기 위해서는 먼저 하지 말아야 할 NG 행동을 점검해 봐야 한다.

그런 다음 세 가지 법칙을 하나씩 이해하고 실천으로

옮겨 보자. 그런 뒤 후반부에 소개된 직장 동료나 팀원의 아이디어를 이끌어 내고, 팀 전체의 성과를 끌어올리는 방법도 함께 익혀 보자.

재능이나 우연이 아닌 과학적 법칙에 따라 당신의 노력이 큰 성과로 이어지는 데 이 책이 도움이 되었으면 한다.

- 스가와라 요헤이

PART
❶

아이디어는
'기억의 정리'로
탄생한다

아이디어 탄생을 방해하는 5가지 NG 행동

  일을 하다가 눈앞의 문제와 씨름하다 지치면 당신은 어떻게 행동하는가?

  그런 경우, 책상 앞에 계속 붙어 있어 봤자 일은 진척되지 않고 시간만 속절없이 흘러가 버린다.

  그럴 때 '지금까지 마감을 못 지켰던 적이 없었으니 이번에도 괜찮을 거야'라는 생각으로 막판까지 문제를 미루는가? 아니면 갑자기 작업에 속도가 붙어 순식간에 마무리할 수 있었던 경험을 떠올리며 집중력이 돌아오기만을 기다리는가?

이처럼 당신에게는 의식적으로든 무의식적으로든, 마감 날짜가 다가오면 항상 하는 행동이 있을 것이다. 평소라면 그런 방법으로도 문제를 해결할 수 있을 것이다.

 하지만 아무리 기다려도 아이디어가 떠오르지 않아 업무에 진척이 없다면, 당신이 문제 해결을 위해 지금껏 써 왔던 방법은 뇌의 구조와 맞지 않을 가능성이 있다.

 우선 다음에 소개된 뇌의 깨달음을 방해하는 행동들을 읽어 보고, 지금까지 자신이 해 왔던 행동을 객관적으로 돌아보자.

POINT !
무엇이 뇌의 깨달음을 방해하고 있는지 알아낸다.

NG 행동 1.
인터넷상의 글을 골똘히 읽는다

 아이디어가 필요할 때, 많은 사람들이 인터넷에서 정보를 수집하려 한다. 문제 해결을 위해서는 정보를 수집해야 한다며 인터넷 서핑을 하면서 이런저런 글을 읽다 결국 시간만 보내 버리고 만다. 그러다 무엇을 알아보려 했는지 잊어버리기도 한다.

 인터넷상의 글을 골똘히 읽는 것은 아이디어를 만들어 내는 데 전혀 도움이 되지 않는다. 그 이유를 설명하기 전에 먼저 키워드 검색이 우리 뇌에 어떻게 작용하는지 살펴보자.

우리 뇌는 아주 작은 것이라도, 눈으로 보거나 귀로 듣는 모든 체험을 기억한다.

기억, 그냥 담아 두기만 해서는 아무런 의미가 없다

물론, 기억한다고 해서 모든 것을 다 떠올릴 수 있는 것은 아니다. 이럴 때 필요한 것이 바로 '단어'이다.

말은 뇌 속의 기억을 찾아가는 일종의 접근 부호 Access code다.

어떤 키워드로 검색해야 할지 몰라 인터넷 검색을 해봐도 알고 싶은 것을 알아내지 못하는 상황이 우리 뇌에서도 일어난다. '해당하는 단어'가 없다면, 뇌는 기억에 접근조차 할 수 없기에 애초부터 기억하지 못하는 것처럼 느껴진다.

그럴 때, 일상적인 대화 혹은 전혀 관계없는 상황에서 누군가 내뱉은 말에 '해당하는 단어'가 등장하면 어떻게 될까. 바로 그 순간, 지금까지 전혀 생각나지 않던 기억이 떠오를 수 있다. 마치 사고 현장의 목격담과 같다. 당장에는 떠오르지 않다가 각도를 달리한 여러 질문 중에 '해당하는 단어'를 듣고 갑자기 그때의 정황이 떠오르는 구조이다.

번뜩이는 아이디어는 지금까지 한 번도 생각해 본 적이 없는 완전히 새로운 것이 아니다. 원래부터 머릿속에 있었지만 접근할 수 없었던 기억을 끄집어내는 순간, 눈앞의 문제를 해결하는 아이디어가 된다. 아이디어는 이미 우리 머릿속에 들어 있다. 단지 그 위치에 도달할 만한 단어를 찾지 못했을 뿐이다.

아예 모르는 정보는 손에 넣을 수 없다

우리는 정보를 수집하기 위해 인터넷상에서 키워드를 검색한다. 키워드 검색을 두고 모르는 정보를 얻는 일이라 생각하기 쉽지만, 아예 모르는 정보는 우리 눈에 띄지 않는다. 본다고 한들 어떤 감상도 느끼지 못할뿐더러 이해할 수도 없다. 자신의 뇌 속에 접근할 수 있는 기억이 없기 때문이다.

그러니 인터넷상에서 눈에 들어오는 것은 이미 머릿속에 기억되어 있지만, 해당하는 단어를 찾지 못해 도달하지 못한 정보이다. 즉, 머릿속 한구석에 남아 있는 정보라고 할 수 있다. 사실, 우리는 인터넷 검색을 통해 자신의 머릿속에 있는 기억을 검색하는 것이다.

이는 곧 인터넷을 통해 머릿속을 탐색하는 셈이므로, 자신이 도달하고자 하는 기억에 근접한 키워드를 찾아 나가야 한다. 이때, 인터넷으로 할 수 있는 일은 자신의 기억에 '해당하는 단어'를 찾는 것이다.

그러려면 내용을 자세히 읽을 것이 아니라 지금까지 떠올리지 못했던 새로운 키워드를 찾아내는 데 힘써야 한다. 만약, 키워드를 찾았다면 그 단어를 검색하면 된다. 이런 과정을 몇 번 반복하다 보면 기억에 접근할 수 있는 코드가 늘어난다.

'그러고 보니 그때 사용했던 방법을 활용할 수 있겠구나', '그 사람이 말했던 것이 힌트가 될지도 몰라'와 같은 식으로 자신의 기억 속에서 답을 찾을 수 있다.

이처럼 인터넷 검색은 자신의 머릿속을 검색하는 것임을 알아 두고, 인터넷상의 글을 읽는 데 지나치게 열중하지 말자.

POINT !

{ 인터넷상의 글은 지금까지 떠오르지 않았던 새로운 키워드를 찾는 용도로 읽어야 한다. }

NG 행동 2.
입문부터 공부한다.

　새로운 아이디어를 얻기 위해 잘 모르는 분야를 입문부터 공부할 경우 지식은 늘어나지만, 아이디어를 얻기는 오히려 힘들어진다. '입문 편', '실전 편' 등으로 구분한 참고서가 많이 나와 있지만 이는 다른 사람이 구분해 놓은 단계일 뿐, 당신의 뇌가 가진 이해 방식에 꼭 맞는다고 할 수는 없다. '하나'에서부터 아이디어를 만들어 내려 할 때 남이 만든 '하나'를 이해하지 못하면 시작부터 막히게 된다.

　뇌에는 다음의 4가지 이해 방식이 있다. 평소 우리는 서로 다른 방식으로 깨달음에 도달한다. 다음 중 당신은 어떤 종류의 이해 방식을 사용하고 있는가.

①직관 형 : 전후 맥락 없이 아이디어를 떠올리는 유형

이 유형의 사람들은 애초에 이 책을 펼치지도 않을 것이다. 그들은 실천 방법 혹은 숙련된 사람의 노하우를 바로 습득해서 이해할 수 있다. 그렇기에 입문부터 순서대로 공부하는 것을 오히려 귀찮게 여긴다.

물론, 직관적으로 계속해서 아이디어를 떠올리는 것만으로도 충분하다는 뜻은 아니다. 뛰어난 아이디어를 많이 내서 기분은 들뜰지 몰라도 결과적으로는 아무것도 이루어 내지 못할 수 있기 때문이다.

대단히 참신한 아이디어라도 실현시킬 수 없다면 아무런 의미가 없다. 무엇을 위한 아이디어인지, 그 목적을 잃지 않도록 깨달음을 제어하려면 PART 5에서 다룰 '메타인지 훈련'이 필요하다.

②치환 형 : 비유 화법을 많이 사용하는 유형

치환 형의 경우 어떤 사건의 요소를 자신의 체험에 비

추어서 이해한다. 정확하게 이해한다기보다는 자기 나름의 해석을 통해 이해한다고 볼 수 있다.

비유 화법을 좋아하는 사람은 '그거 꼭 ○○같다'는 말을 자주 한다. 다음은 일전에 한 유명 디자이너가 한 말이다.

"많은 정보를 접했을 때는 마치 내가 에어컨 필터가 된 듯 빠져나가는 정보와 걸러지는 정보를 나눈다."

이처럼 치환 형은 무엇이든 비유적으로 표현하려 한다. 그들은 전혀 모르는 이야기를 듣거나 공부할 때 그 요소를 자신의 체험으로 치환하여 받아들이기에 그것이 곧 아이디어로 연결된다.

이런 경우 어느 한 가지를 입문부터 순서대로 공부하기보다는 여러 가지를 동시에 학습하는 것이 머릿속에서 연상 작용을 일으켜 이해에도 훨씬 도움이 된다.

③정리 형 : 전체를 파악해서 이해하는 유형

정리 형은 관련된 모든 일을 파악한 뒤에 이해한다. 이는 클레임 대응이나 위기관리에서 중요한 사고방식으로 이런 유형의 경우 관리직에 종사할 가능성이 높다.

정리 형의 경우 '입문 편', '실전 편'과 같은 교과서가 잘 맞는다. '모든 것을 전체적으로 알아 두어야 필요할 때 도움이 된다'는 사고방식을 가지고 있기에 타인이 만든 단계 구분을 이용해도 확실히 이해할 수 있다.

단, 아이디어를 떠올리기까지는 시간이 걸린다. 전체를 파악하려는 성향이 강해 한 번 자료를 읽기 시작하면 마지막까지 꼼꼼히 읽기 때문에, 작업을 시작하기까지 꽤나 시간이 걸릴 수도 있다.

간혹 정보 전체를 정확하게 모으려다 수집 자체가 목적이 되기도 하고, 정보가 부족하다 싶으면 주위 사람들이 정보를 제공하지 않는 것에 불만을 가질 수도 있다. 게다가 전체를 파악한다고 해서 무조건 아이디어를 생각해 내는 것도 아니다.

그렇기 때문에 이 유형은 책에서 말하는 '멍 때리기'에 특히 더 주목해야 한다.

④법칙 형 : 사건의 공통점을 알아내 이해하는 유형

이들은 법칙을 찾아내고 그 틀에 맞춰 보면서 이해에 걸리는 시간을 단축한다. SWOT 분석이나 PDCA 사이클 등 비즈니스 사고에서 사용되는 프레임 워크Framework가

여기에 해당한다.

이 유형은 중요 정보에만 초점을 맞추고 그 밖에 정보는 무시하는 경향이 있다. 때문에 입문부터 순서대로 공부하는 것은 맞지 않고, 각 요소를 추출해서 필요한 부분만 얻어 내면 충분하다.

이들은 요점을 한 장에 정리하거나 한마디로 결론을 내야 할 때 등 속도전에서 역량을 발휘할 수 있다.

다만 요점을 지나치게 정리한 나머지 표면적인 법칙만 강조되고 본질을 잃어버리기도 한다. 또한 자신만 이해하고 주위 사람의 이해 속도가 따라오지 못하는 사태에 빠져 좌절감을 느낄 수 있다.

당신은 어떤 방식을 자주 쓰는가?

우리는 이 4가지 방식을 모두 활용하지만, 더 빈번히 활용하는 방식은 정해져 있다.

다른 사람에게는 쉬운 말이 나에게는 어렵게 느껴지거나 반대로 내가 이해한 것을 전달하려 할 때 상대방은 잘 이해하지 못하는 경우가 있는데, 바로 이런 편차 때문이다.

이것은 뇌의 개성이 나타난 현상으로 유형에 따라 좋고

나쁨을 판단할 수 없다. 그러니 다른 사람의 방법을 따라 하기보다는 자신의 유형을 파악하고 그에 맞는 방법으로 정보를 수집하다 보면 보다 효율적이고 유익한 아이디어를 창출하게 된다.

POINT !

자신의 이해 방식이 어떤 유형인지를 파악하자.

―
NG 행동 3.
차분할 때 생각하자며 숙제로 남겨 둔다
―

 일을 하다 문제가 생겼을 때, 동요한 상태에서 대처하려 하지 않는 것이 중요하다. 그 자리에서 바로 답을 내지 말고, 우선 냉정함을 되찾고 나서 상황을 훑어본 뒤 대응책을 마련하는 것이 좋다.

 '문제 대처는 일단 뒤로 미뤄 숙제로 삼는다'.

 이는 일할 때 명심해야 할 점이지만, 습관이 되면 아이디어를 생각해 낼 때도 '나중에 천천히 생각하자'며 미루게 되므로 주의해야 한다. 문제 대처와 아이디어 창출은 똑같이 생각하는 행위이지만, 뇌 사용법은 엄연히 다르다.

문제 대처에 필요한 것은 하의상달식 사고방식이다. 앞서 언급한 이해 유형 중에서는 ③정리 형과 ④법칙 형이 자신 있어 하는 방법이다.

이 유형의 사람은 상황을 빠짐없이 정리하기 위해 나중에 천천히 생각하자며 뒤로 미루는 것이 몸에 배어 있지 않은지 돌아보자.

문제 대처와 아이디어 창출의 차이점

문제 대처와 아이디어 창출은 양쪽 다 상황을 정리하는 작업이 필요하지만, 정리하는 타이밍은 다르다.

문제 대처의 경우, 가장 먼저 상황을 정리한다. 문제로 인해 마음이 불안하고 동요한 상태일 때는 불필요한 감정을 배제해야 하므로 우선 그 자리를 떠나 문제를 뒤로 미뤄야 한다.

반대로 아이디어 창출은 나중에 상황을 정리한다. 불확실하더라도 지금 아는 범위 내에서 답을 찾아 행동에 옮기고, 그 행동에 따른 결과를 여러 차례 경험하면서 그로부터 알게 된 상황을 정리하는 것이다.

이는 임시 목표를 먼저 정해 놓고 행동하는 상의하달식

사고방식으로 ①직관 형과 ②치환 형이 유리하다고 할 수 있다.

하의상달식 사고에 익숙한 사람은 PART 4에서 소개할 '멍 때리기'를 활용하여 비교적 부족한 아이디어 창출 능력을 극복해 보자.

아이디어 창출에는 '다른 분야 지식과의 결합'이 필요하며, 이는 곧 뇌의 기억 정리 작업이다. 스스로 기억을 정리하자 마음먹는다고 되는 일이 아니다. 뇌가 기억을 정리할 때 우리는 '멍 때리고' 있다. 뇌가 작업하도록 내버려 둬야 한다는 것이다.

POINT !
마음이 안정될수록 아이디어는 떠오르지 않는다.

NG 행동 4.
장소를 바꿔 카페에서 작업한다

생각이 막힐 때 장소를 옮기는 사람이 많을 것이다. 하지만 장소를 바꿔서 아이디어가 떠올랐던 경우도 있지만, 이동한 뒤에도 생각은 떠오르지 않고 더욱 피곤해지기만 한 경우도 있었을 것이다.

장소를 바꾸는 행동을 '기분 전환'이라는 애매한 단어로 정의하기보다는 아이디어 창출에 효과적인 요소와 그렇지 않은 요소로 구별해서 활용해 보자.

애초에 아이디어는 기분에 따라 떠오르는 것이 아니다. 모 기업의 연수를 진행하면서 사원들로부터 이런 말을 들었다.

"(자료를 만들 때)우선 기분을 끌어올리기 위해 좋아하는 스포츠 중계나 개그 프로그램을 잠깐 본 뒤 일을 시작하려 했는데, 저도 모르게 1시간이나 보고 있었어요."

"'카페에서 일하는 모습'을 연출하여 기분 좀 내려 했는데 결국 졸고 말았어요."

깨달음을 심리적인 작용이라고 생각하면, 이렇듯 초점이 엇나간 결과를 초래하고 만다.

아이디어를 만들어 내는 뇌 구조란?

이 책에서는 아이디어를 떠올리는 과정을 뇌의 생리적인 시스템으로 이해한다. 뇌에는 정보를 입력하는 모드와 정리하는 모드, 이 두 모드를 전환시키는 모드, 총 3가지의 신경 네트워크가 있다.

먼저 정보를 입력하는 모드는 실행 네트워크라고 불리며, '법칙① 깨달음의 단계'를 담당한다.

뇌 속의 정보를 정리하는 모드는 디폴트 모드 네트워크 Default Mode Network라고 불리며, '법칙② 멍 때리는 단계'를 담당한다.

그리고 이 두 모드를 전환하는 모드를 '현출성 네트워

크'라고 한다.

본래 뇌는 이 3가지 신경 네트워크를 사용해 아이디어를 이끌어 내는데, 이 책의 목적은 그 시스템을 이해하고 목적에 맞게 네트워크를 활용하도록 하는 데 있다.

회사에서 지식을 인풋하고, 카페에서는 멍 때리기

장소를 옮겨 카페로 갔지만, 일이 진척되지 않았다면 거기서도 실행 네트워크를 사용했기 때문이다.

보통 카페에 도착하면 기세 좋게 자료를 꺼낸 뒤 테이블 위에 컴퓨터와 스마트폰, 자료를 늘어놓고 무슨 음료를 시킬지 고민한다. 그러면서 주변 손님들의 모습과 대화 내용에도 주의를 기울인다.

이래서는 책상에서 일할 때와 전혀 다르지 않으며, 오히려 주의를 기울일 대상이 늘어난 상태라고 볼 수 있다.

지식을 인풋했다면 다음은 '멍 때리기' 단계로 이행해야 한다. 카페에 간다면 항상 똑같은 음료를 주문하고, 주변 풍경에 딱히 집중하지 않은 상태로 멍하니 있어 보자.

테이블에 스마트폰을 올려놓게 되면 1분도 채 되지 않아 손을 대는 경우가 많으므로 테이블에는 올려놓지 않도록 하자. 여기서 중요한 것은 뇌가 디폴트 모드 네트워크를 사용하려 하는 순간을 방해하지 않는 것이다.

카페에서는 왜 졸린 것일까?

카페에 가서 일하려는 순간 바로 잠이 몰려와 꾸벅꾸벅 졸았던 경험, 다들 한 번쯤은 가지고 있을 것이다. 이는 '집중력의 역U자 곡선' 시스템과 관련이 있다.

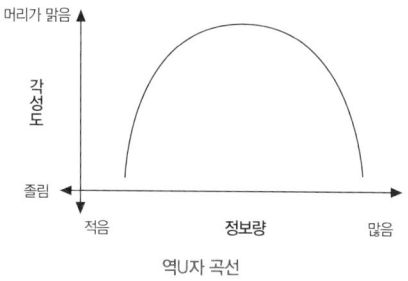

역U자 곡선

예를 들어, 형식적이고 지루한 연설을 듣다 보면 잠이 쏟아지기 마련이다. 생소한 분야의 전문 용어가 많이 나오는 복잡한 강의를 들을 때도 마찬가지다. 단조롭고 억양이 없는 말처럼 정보의 양이 적고 질이 지나치게 낮거나, 반대로 너무 시끄럽거나 어려운 말처럼 정보의 양이 많고 질이 지나치게 높으면 뇌는 각성도가 떨어져 졸린 상태가 되고 만다.

우리 뇌는 반은 쉽게 이해할 수 있고 반은 집중하지 않으면 이해할 수 없는 상태일 때 각성도가 높아진다. 세로축을 뇌의 각성도, 가로축을 정보량이나 질로 두고 선 그래프를 그리면 U자를 거꾸로 한 모양이 되므로 '역U자 곡선'이라고 한다.

평소 안 가던 카페에 가면 정보량이 쓸데없이 많아지고, 이해할 수 없는 정보가 지나치게 늘어나 졸음이 몰려오는 것이다.

일에 진척이 없어 카페에 갈 때는 항상 같은 가게, 같은 자리에 앉아 의도적으로 정보량을 줄일 것을 권한다. 뇌에 새로운 정보가 너무 많이 들어오지 않도록 잘 조절해 뇌가 멍 때리기 쉬운 상태로 만들자.

POINT !

항상 같은 카페에 가서 일하지 말고 차라리 멍을 때리자.

NG 행동 5.
아이디어에 대해 논의한다

 기업 연수와 회의에서는 자유로운 발상을 위한 연습으로 종종 브레인스토밍을 이용한다.
 '판단하지 않고, 결론을 내지 않으며, 기발한 생각을 환영하고, 많은 양의 의견을 내고, 상대의 생각에 편승한다'는 규칙에 따라 회의를 진행하면서 새로운 아이디어를 창출해 내는 방법이다.
 이런 브레인스토밍은 연수 등 비일상적인 자리에서 체험하는 경우가 많다. 그렇다면 당신은 실제 일상생활에서도 브레인스토밍을 활용하고 있는가? 혹 연수가 끝나 일상으로 돌아오면 상사의 안색을 살피고 이전처럼 지시를 기다리기만 하는 회의로 돌아가고 있지 않은가?

논의는 고정 관념을 만든다

연수 과정에서 체험했더라도 실제 업무에 활용하지 않는다면 그저 단발성 체험에 지나지 않는다. 그러니 브레인스토밍의 요소를 일상생활에서도 제대로 활용해 보자.

먼저 브레인스토밍에서는 논의하지 않는다. 그렇다면 논의 중에는 왜 아이디어가 탄생하지 않는 것일까? 우선 논의를 하면 고정관념이 생긴다. 자기 생각을 언어화하여 상대를 설득하려 하기 때문에 감정이 발생한다. 그리고 나의 발언에 상대가 어떤 반응을 보였는지 보게 되며, 그 반응에 대한 감정이 아이디어를 옭아매고 하나의 생각만을 고집하게 만든다.

아이디어는 생각의 정리를 통해 탄생한다. '나는 옳다', '받아들여 주었으면, 인정해 주었으면 좋겠다'는 감정에 의해 하나의 생각만을 지키려 하면 뇌는 같은 생각에만 접근하고, 다른 것에는 접근할 기회를 놓치게 된다.

자신의 의견이 수용됐을 때 생기는 좋은 감정도, 부정당

했을 때 생기는 나쁜 감정도 모두 아이디어의 탄생을 방해한다. 즉, 아이디어에서 감정은 불필요하다.

뇌의 '운동'을 통해 아이디어가 탄생한다

자신의 생각을 언어화하는 것 자체는 매우 중요한 행위이다. 말로 표현한다는 것은 뇌에 있어 몸을 움직이는 것과 같은 '운동'이다.

뇌는 피드백Feedback과 피드포워드Feedforward라는 시스템을 통해 기능한다. 우리가 어떤 운동을 할 때, 뇌 속에서는 예행연습과 실제 운동과의 오차를 감지하는 피드백이 작동한다. 그런 다음 그 오차 정보를 기반으로 다음 운동이 수정되는 피드포워드가 작동하게 된다.

이 시스템에 의해 우리는 운동을 거듭할수록 발전한다. 뇌는 피드백으로 정보를 수집해서 기억을 만들고, 그 기억을 피드포워드를 통해 다음 행동에 적용한다. 그리고 이 피드백과 피드포워드 사이에는 깨달음이 있다. 그 대표적인 예가 바로 다른 사람과 대화 도중에 갑자기 아이디어가 떠오르는 것이다.

뇌는 운동이 없으면 깨달음을 얻지 못한다. 몸을 움직여 실제로 일하는 것은 물론이고 말하는 것, 쓰는 것 역시 운동이다.

뇌의 피드백과 피드포워드 시스템 때문에 우리는 무의식적으로 상대의 반응에 따라 자신이 말하는 내용을 조정한다. 여기에 부정이나 판단이 섞이지 않는다면 감정에 방해받지 않고 아이디어를 만들어 낼 수 있다. 브레인스토밍에서 부정이나 판단을 금지하는 것도 바로 이런 이유 때문이다.

아이디어는 회의실에서 논의할 때보다도 부정 혹은 판단 당할 일이 없는 혼잣말이나 가만히 들어 주는 사람 앞에서 더 잘 떠오른다. 즉, 아이디어 창출을 위해서는 논의하지 않는 것이 좋다.

또한 평소에도 다른 사람과 말할 때 '그렇다기보다는……', '그게 아니라'와 같이 상대의 말을 부정하거나 판단하는 말은 사용하지 않도록 주의하자.

이런 말을 사용하지 않으면 고정관념이 생길 가능성도 적고, 아이디어도 더 쉽게 떠올릴 수 있다.

디폴트 모드 네트워크를 적절히 활용하자

앞에서 언급한 NG 행동은 모두 우리가 '멍 때리는' 순간 뇌의 작용이고, 디폴트 모드 네트워크를 잘 활용하지 못한 상태라는 공통점이 있다.

좋은 아이디어를 만들기 위해 단순히 노력만 해서는 디폴트 모드 네트워크를 잘 활용할 수 없다. '지금까지 열심히 해 왔는데 왜 일이 잘 풀리지 않는가'라는 생각이 든다면 지금껏 자신이 고수한 노력을 되돌아보자.

모든 것을 스스로 하겠다고 나서지 말고, 뇌에 '멍 때리는 시간'을 주어서 뇌가 스스로 노력하게 하자. 이것이 바로 유익한 깨달음으로 가는 지름길이다.

이 장에서 깨달음을 위한 NG 행동을 교정했다면, 다음 장에서는 3가지 네트워크에 대해 자세히 알아보도록 하자.

POINT !

아이디어를 얻는 데 필요한 것은 '노력'이 아니라 '멍 때리기'이다.

PART

❷

**깨달음은
재능이나
우연이 아닌
'기술'**

―

생각은 뇌의 어느 부위에서 이루어질까?

―

 이 장에서는 멍 때리기가 깨달음의 과정에서 왜 중요한지, 뇌의 메커니즘에 대해 자세히 알아보도록 하자. 이론보다 실천 방법을 알고 싶다면 이 장을 건너뛰고 PART 3부터 읽어도 좋다.

 혹 뇌의 특정 부분을 훈련하면 아이디어가 팍팍 잘 떠오르지 않을까 하는 생각을 해 본 적이 있는가? 최근 뇌의 메커니즘에 대한 기본적인 인식이 변화하고 있다. 지금까지는 뇌의 특정 부위를 훈련하면 그 부위가 담당하는 능력이 향상되는 것으로 여겨져 왔다. 하지만 최근 들어 뇌는 여러 부위가 네트워크를 형성하여 전체로써 작동한다는 인식이 주를 이루게 되었다.

흔히 뇌에 대해 말할 때 가장 먼저 '우뇌와 좌뇌'를 떠올린다. 뇌는 왼쪽과 오른쪽으로 나누어져 있으며 기능이 각각 다르다는 것이다. 흔히 우뇌는 이미지, 좌뇌는 이론을 담당한다고 한다. 이러한 뇌의 부위별 작동 방식에 대한 연구법을 '기능 국재론'이라고 한다.

이는 19세기부터 이어져 온 사고방식으로, 뇌의 형태와 기능을 결합해서 어느 부위에서 어떤 역할을 담당하고 있는지를 밝혀 왔다.

하지만 현재는 하나의 부위가 하나의 기능을 담당한다는 극단적인 기능 국재론은 찾아볼 수 없게 되었고, 각 부위가 네트워크를 만들어 하나의 기능을 다수의 부위가 담당하는 것으로 인식되고 있다.

여러 부위가 네트워크를 형성한다

글자와 글자 색이 일치하지 않는 글자의 나열을 색이름으로 읽게 하는 '스트룹 검사 Stroop Test'가 있다. 파란색으로 '빨강'이라고 쓴 글자를 '파랑'이라고 읽게 하는 식이다. 글자를 보이는 그대로 읽으려는 순간, 색이름을 말하는 것이 규칙임을 상기시켜 꾹 참고 색 이름을 말하도록 하는 이중 과제를 뇌에 부여하는 것이다. 이는 인내하는 힘인 억제 능력을 검사하기 위해 시행된다.

이 과제를 수행하는 사람의 뇌를 fMRI functional MRI로 촬영해서 어느 부위가 작동하고 있는지 보면 인내하는 힘을 담당하는 부위를 특정할 수 있다고 생각하는 것이 기능 국재론의 시각이다.

실제 실험에서는 스트룹 검사를 수행할 때, 뇌 옆의 '실비우스열'이라는 깊은 주름 안쪽의 '섬엽'이라는 부위가 활발하게 작동하고 있었다. 이에 따라 섬엽이라는 부위가 활성화되면 인내심이 강해진다고 생각할 수 있다.

하지만 이는 그렇게 단순한 문제가 아니다. 한 예로 간질 환자의 수술 치료를 들어 보자. 간질은 뇌 일부가 비정상적으로 작동하는 질환을 말한다. 이를 수술로 치료할 경우 원인이 되는 일부분을 제거하는 방법이 있다. 기능 국재론에 따르면 간질의 원인 부위가 섬엽에 있는 사람이 수술로 이 부위를 제거하면 억제 기능을 잃게 된다.

하지만 실제로는 섬엽을 떼어 내는 수술 이후에 스트룹 검사를 했을 때, 억제 기능은 떨어지지 않았다. 즉, 한 부위가 하나의 기능만을 담당하지 않는 것이다.

또한 한 부위가 여러 기능과 관련이 있다는 점도 밝혀진 바 있다. 예를 들면 이런 것이다. 오른손잡이인 사람은 대부분 좌뇌 옆 전방에 말하는 역할을 담당하는 운동성 언어 중추를 가지고 있는데, 이 부분은 언어뿐만 아니라 다른 사람의 움직임을 따라 하는 모방 행위에서도 중요한 역할을 맡고 있다.

즉, 뇌의 작용 방식을 생각할 때 기능 국재론에 따라 아이디어를 담당하는 부위를 활성화하기만 하면 된다고 보기에는 다소 무리가 있다.

뇌는 하나의 기능을 여러 부위에서 담당하고 있으며 이 여러 부위가 만들어 낸 네트워크는 뇌의 작용 방식을 이해하는 데 중요한 힌트가 된다.

POINT !
사고력은 뇌의 특정 부위를 훈련한다고 해서 향상되지 않는다.

뇌는 경쟁을 통해 유연하게 작용한다

뇌의 기능이 한 부위에만 국한되어 있다면 그 부위가 손상됐을 경우 잃어버린 기능은 영원히 되찾을 수 없을 것이다. 즉, 하나의 기능을 여러 부위에서 함께 담당하는 것은 기능을 잃지 않기 위한 뇌의 생존 전략일 수 있다.

뇌의 작용 방식에는 '경쟁의 원리'라는 것이 있다. 우리 뇌는 오른쪽과 왼쪽으로 나누어져 있어 각각 우뇌와 좌뇌라고 일컫는다. 이 우뇌와 좌뇌는 경쟁 관계에 놓여 있는데, 쉽게 말해 양쪽 뇌의 작용이 뇌량이라는 다리 위에서 서로를 밀어낸다고 할 수 있다.

이를 확인할 수 있는 것이 바로 '(좌측)편측무시' 현상이다. 이제부터는 조금 어려운 용어가 나오는데, 뇌 속의 경쟁이라는 구조를 이해하기만 하면 일하는 요령에도 활용할 수 있으므로 천천히 따라와 주기 바란다.

우뇌와 좌뇌가 '경쟁 관계'라는 증거

예를 들어 뇌혈관이 파열되는 등의 뇌혈관 장애가 일어났을 때, 시각적으로는 문제가 없어 볼 수 있는 상태임에도 우측, 좌측 중 한쪽을 보지 못하듯 무시해 버리는 현상을 편측무시라고 한다.

일반적으로 생각했을 때 우뇌와 좌뇌가 손상될 확률이 같다면 우측 공간과 좌측 공간의 무시 현상도 같은 확률로 일어나야 한다. 하지만 편측무시는 좌측이 무시되는 경우가 압도적으로 많다. 이는 경쟁의 원리를 뒷받침한다.

우리 뇌는 좌뇌에서 우측 공간을, 우뇌에서 좌측 공간을 파악한다. 우뇌는 어떤 것을 이미지화하는 등 공간적인 능력이 좌뇌보다 발달해 있다. 좌뇌가 오른쪽 반의 공간만을 파악하는 데 반해, 우뇌는 왼쪽 반뿐 아니라 우측을 포함한 거의 양측에 가까운 공간을 파악한다.

그러니 좌측 뇌가 손상되면 좌뇌의 활동이 약해지면서 우뇌의 활동이 더욱 강력해지고, 이와 더불어 우뇌가 담당하는 공간에 대한 주의력이 강해진다. 즉, 우뇌는 좌측뿐 아니라 우측 공간도 담당하기에 편측무시 현상이 일어나지 않는 것이다.

반대로 우측 뇌가 손상되면 좌뇌의 활동에 밀려나게 된다. 이때, 좌뇌는 우뇌가 파악하는 공간의 반밖에 파악하지 못하므로, 우측 공간 반에 대한 주의력이 지나치게 강해진다. 그 결과, 왼쪽 반은 무시해 버리는 편측무시 현상이 일어나게 된다. 이것이 우뇌와 좌뇌의 활동이 서로 경쟁하고 있다는 증거이다.

'경쟁의 원리'는 전뇌, 후뇌에도 적용된다

이 경쟁의 원리는 전뇌와 후뇌에서도 나타난다. 뇌는 귀 근처의 골을 경계로 뒤쪽을 두정엽, 앞쪽을 전두엽이라고 부른다. 두정엽에는 보고 듣고 만지는 등의 감각이 집중된다. 두정엽에서 받아들인 정보는 중간에 측두엽이라는 기억 담당 부위를 지나 앞쪽의 전두엽으로 전달된다. 전두엽은 이 정보에 어떤 의미가 있는지 과거의 기억을 바탕으로 판단하는 역할을 한다.

예를 들어, 정신 건강 문제로 휴직한 사람 중에 넥타이가 무서워 못 매겠다는 사람과 쿨비즈Cool-biz 정책을 시행하는 회사에서도 멋을 내기 위해 일부러 넥타이를 매는 사람이 있다고 가정해 보자. 이 두 사람의 뇌는 어떻게 다를까?

넥타이를 보고 그 정보가 두정엽에 입력되면 그것은 가늘고 길며 색깔이 있는 천으로 된 물체라고 인식한다. 이 시점에서는 두 사람의 뇌 모두 넥타이를 똑같이 인식한다.

하지만 이 정보가 전두엽에 전달되는 시점에서는 개인의 기억에 따라 다르게 꾸며진다. 전자의 경우는 상사에게 욕먹는 장면을 연상시키는 물건으로, 후자의 경우는 여성에게 칭찬받는 장면을 연상시키는 물건으로 인식된다.

전뇌와 후뇌의 경쟁에서 후뇌는 있는 그대로의 현실을 다루지만, 전뇌는 그 사람이 경험한 기억에 따라 만들어진 가상 현실을 다룬다.

몸을 움직이면 왜 고민이 사라질까?

현실과 가상 현실이 서로 경쟁하며 힘겨루기를 하고 있

다. 넥타이를 보는 것만으로도 회사 일의 압박이 느껴진다면 가상 현실이 현실을 밀쳐 내고 이긴 상태이다. 공포심 때문에 눈앞의 일이 손에 잡히지 않는 이유는 현실 감각을 담당하는 후뇌가 기억이나 사고를 담당하는 전뇌의 힘에 압도되었기 때문이다. 이 상태에서는 현실보다 자기 뇌 속의 가상 현실이 더 현실적으로 느껴진다. 주위에서 아무리 격려와 위로의 말을 건네도 공포심은 사라지지 않는다.

반대로 스포츠나 캠프, 농작업과 같이 현실적 감각이 강하게 느껴지는 일을 하면 후뇌가 전뇌의 힘을 이기게 된다. 그 결과, 지긋지긋한 고민이 사라지고 머리가 개운해진다. 이 역시 뇌의 경쟁에 의한 현상이다.

건강한 정신을 보전하고, 하고 싶은 일에 힘을 발휘할 수 있는 뇌를 만들기 위해서는 경쟁의 원리를 응용할 수 있어야 한다.

이 책의 주제인 깨달음을 얻기 위해서도 각기 다른 기능을 담당하는 3가지 네트워크의 경쟁 관계를 잘 조정하는 것이 좋다.

POINT !

{ 뇌의 경쟁 관계를 잘 조정하면 고민이 사라지고 아이디어는 늘어난다. }

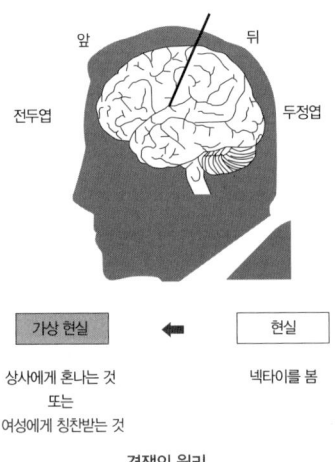

경쟁의 원리

뇌는 마음 혹은
나와는 별개의 것

 뇌의 작용을 잘 활용하기 위해서 뇌를 그저 내장 기관 중 하나라고 생각해 보자. 위가 음식을 소화하고 영양소를 흡수하듯 뇌는 정보를 소화하고 소화물(정보)로부터 필요한 것을 골라(의식을 향하게 함) 흡수한다. 이것이 뇌의 작용이다.

 이때, 이렇게 단순하게 생각해도 될지 의심이 들 수도 있다. 뇌를 '마음' 혹은 '나'와 같다고 생각하는 사람도 많을 것이다. 이에 여기서는 말하는 뇌와 '마음'의 관계를 정리해 두고자 한다.

아이디어를 마음속에서 떠오르는 것이라고 하듯, 깨달음은 뇌의 작용이다. 깨달음을 얻는 데 효과적인 법칙을 알려면 먼저 우리의 뇌와 마음에 대한 사고방식을 정리해야 한다. 깨달음을 효과적으로 활용한다는 목적 아래 뇌를 마음(나)과 분리해서 생각하자는 것이다.

우리는 머릿속에 있는 '답'을 알아채지 못한다

뇌라는 장기는 시각 또는 청각을 활용해서 정보를 섭취하고 그 정보를 소화한다. 이 소화 작용을 '인지'라고 했을 때, 이는 내가 아닌 나의 뇌가 하는 작업이다. 즉, 인지의 주체는 내가 아니다. 여기서 나와 뇌는 분리해서 생각할 수 있다.

'나'의 노력으로 아이디어를 떠올리는 것이 아니다. '나'의 역할은 '뇌'가 아이디어를 만들어 내기 쉬운 상황을 만드는 것이다. 이 마음가짐이 자리 잡으면 깨달음을 방해하는 '감정'을 멀리할 수 있다.

앞에서 언급했던 '좌측 공간이 눈에 보이는데도 무시해 버리는' 편측무시 현상을 기억하는가? '눈에 보인다=인지하고 있다', 그럼에도 '무시해 버린다=알아채지 못한다'는 현상말이다.

   단순히 뇌가 정보의 소화 작용으로서만 인지한다면, '인지'와 '알아채는 것' 사이에는 괴리가 없어야 한다.

   하지만 우리 뇌는 인지로서 정보를 소화할 뿐만 아니라 그 정보에 의식을 집중시켜 '알아채는' 과정을 필요로 한다. 이 '알아채기'가 바로 우리가 자각하는 넓은 범위에서의 깨달음이며, 이는 법칙①에 해당한다.

   뇌는 스스로 경험한 모든 것을 알고 있지만 그것을 깨닫지 못할 때가 있다. 우리가 새로운 아이디어를 생각해내지 못하는 것도 뇌 속에는 이미 답이 있으나 그것을 알아채지 못하는 상태라고 할 수 있다.

   즉, 새로운 아이디어를 위해서 우리가 해야 할 일은 뇌를 '마음(나)'과는 별개의 것으로 분리하여 감정을 멀리하는 것이다. 그렇게 해서 뇌가 알아채기 쉬운 상황을 만들면 객관적으로 뇌 속의 정보를 찾아낼 수 있다.

아이디어를 얻기 위한 3가지 네트워크

   시스템에 대한 설명을 읽으면 괜히 어렵게 느껴지지만, 앞으로 이야기할 내용은 매우 간단하므로 안심해도 좋다.

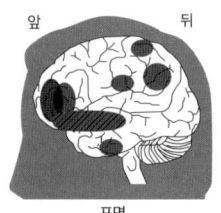 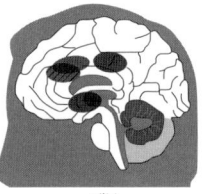

앞 뒤	
표면	내부

■ 실행 네트워크　□ 디폴트 모드 네트워크　▨ 현출성 네트워크

3가지 네트워크

자신의 머릿속에 있는 답을 찾아내기 위해 다음의 3가지 뇌내 네트워크 성질을 다시 한 번 떠올려 보자.

①집중하는 '실행 네트워크'
②정리하는 '디폴트 모드 네트워크'
③두 가지를 전환시키는 '현출성 네트워크'

이 네트워크를 잘 활용하려면 어떻게 해야 하는지 이어서 하나씩 설명하도록 하겠다.

POINT !

> 머릿속의 정보를 객관적으로 알아채기 위해서는 3가지 뇌내 네트워크의 성질을 잘 알아 두어야 한다.

① 실행 네트워크 :
뇌 외부에 주의를 기울인다

  3가지 뇌내 네트워크 중 첫 번째, 실행 네트워크는 우리가 평소에 '주의'하고 '집중'하고 '기억'할 때 활용한다.
  이때는 우리가 의도적으로 무언가를 '하고 있다'는 자각을 가지고 있다. 따라서 3가지 뇌내 네트워크 중에서 활용 여부를 가장 잘 알 수 있다. '부주의했다', '집중이 안 된다', '기억했다'는 생각이 들 때가 바로 이 네트워크의 작동 상태에 대해 자가 평가를 내리는 순간이다.
  실행 네트워크는 주의, 집중, 기억 등의 기능을 관장하며 뇌의 외부에 작용하는 역할을 맡고 있다.

그 밖에 행동 계획을 세우거나 어떤 것을 참고 인내할 때, 머릿속 정보를 갱신할 때도 사용된다.

일반적으로 실행 네트워크는 뇌를 바깥세상에 집중시켜 어떤 작업을 실행하는 역할을 하기 때문에 여기서는 편의상 '외향 네트워크'라고 부르도록 하겠다.

이 네트워크의 관할 부위는 전두엽 배외측 피질과 후부 정두엽(전두 연합영역과 두정 연합영역)이 중심이 된다. 특히, 뇌 속 깊은 곳에 띠 모양을 한 부위인 대상회의 앞부분 '전방 대상회'가 중요한 역할을 하는 것으로 알려져 있다.

뇌의 앞쪽과 뒤쪽으로 멀리 떨어진 두 부위가 하나의 네트워크를 형성한 것이므로 여기서도 뇌가 국재론적으로 기능하지 않음을 알 수 있다.

중요한 용건을 잊어버린 이유는?

이 네트워크는 일할 때 혹은 아이디어나 해결책을 고안할 때 이용된다. 지적 노동 혹은 육체노동 중 어느 쪽이든 마찬가지다. 스스로 작업을 '하고 있다'는 자각이 들어 뇌의 작용이라고 생각하기 쉽지만, 그렇게 되면 앞에서 언급했던 NG 행동을 하면서 불필요한 노력을 기울이게 된다.

예를 들어 중요한 용건을 깜박 잊어버려 '기억력이 나빠졌다'는 생각이 들 때, 당신이라면 어떻게 하겠는가? 이때, 기억력이 떨어졌으니 '기억력을 단련하자'는 발상에서 기억력 테스트나 트레이닝 게임을 열심히 하는 것은 잘못된 방법이다. 이런 생각은 실행 네트워크가 잘 작동되지 않을 때 열심히 훈련하면 좋아진다는 논리에서 출발한다. 마치 위 상태가 나쁠 때 위를 단련하기 위해 더 많이 먹어서 소화시키겠다는 것과 같다.

그렇게 하면 계속해서 뇌를 몰아붙여 부담만 줄 뿐, 큰 성과는 얻을 수 없다. 뇌는 네트워크의 경쟁을 통해 작동함을 반드시 기억하자.

중요한 용건을 잊어버린 것은 실행 네트워크의 기억 능력이 저하됐기 때문이 아니다. 다음에서 다룰 디폴트 모드 네트워크를 작동시키지 못했기 때문이다. 즉 '멍 때리기'에 실패한 것이 원인이라고 할 수 있다.

POINT !

'실행 네트워크=뇌의 작용'은 아니다.

② 디폴트 모드 네트워크 : 뇌 내부에 주의를 기울인다

 두 번째, 디폴트 모드 네트워크는 주의, 집중, 기억 등을 수행할 때 활동성이 저하된다. 대신 멍 때리고 있을 때와 같은 안정 상태에 돌입했을 때 활발히 활동하기 시작한다. 즉, 실행 네트워크와는 정반대의 작용 방식을 갖는다.

 디폴트란 초기 설정의 의미로, 안정된 상태일 때 활발해진다는 데서 이렇게 명명되었다. 그렇다고 뇌가 초기 설정 상태로 돌아간다는 뜻은 아니다. 디폴트 모드 네트워크는 뇌의 내부를 향해 작용한다. 앞서 실행 네트워크가 '외향 네트워크'였다면 디폴트 모드 네트워크는 '내향 네트워크'

인 것이다.

안정을 취하는 동안에도 뇌가 활동한다는 것이 의외라고 느껴질 수 있다. 멍 때리고 있을 때는 아무것도 하지 않는 듯 보이기에 당연한 반응이다.

멍 때리고 있을 때에만 활동하는 뇌 부위가 있다는 것은 1990년대에 처음 발견되었다. 과제에 집중하고 있을 때와 안정 상태일 때의 뇌를 비교했을 때, 안정 상태일 때 더욱 활발한 부위가 여럿 있다고 밝혀졌다.

또한 이들 부위에는 공통된 활동 패턴이 있다는 점에서 네트워크를 형성하고 있다고 여겨졌다. 디폴트 모드 네트워크는 전두안구영역이나 상부 두정엽을 중심으로 내측 전전두엽 피질, 후방 대상회/쐐기앞소엽, 하부 두정엽, 외측 측두엽, 해마로 구성된다. 그중에서도 실행 네트워크의 중심인 전방 대상회의 뒷부분, 후방 대상회가 중요한 역할을 담당한다고 알려져 있다.

이 부위들은 본래 각기 다른 기능을 담당한다. 내측 전전두엽 피질은 뇌 속에 기억을 일단 저장해 두고 나중에 떠올리는 미래 기억을 담당하고, 후방 대상회는 특정 기억의 검색과 공간적 이미지를 관장한다. 이렇듯 평소에는 별개의 작용을 맡고 있으나 디폴트 모드 네트워크로서 활동할 때는 함께 작용한다.

무의식의 회상 '잡생각'

어디에도 집중하지 않을 때 당신은 어떤 상태가 되는가? 딱히 생각해 내려고 하지 않았던 것을 문득 떠올리거나 상상하게 되지 않는가? 간혹 머릿속에서 음악이 재생되거나 어떤 장면을 회상하는 영상을 재생하는 경우도 있을 것이다. 이는 디폴트 모드 네트워크의 작용에 의한 것이다.

딱히 생각해 내려 하지도 않았는데 문득 떠오르는 생각을 '잡생각'이라고 한다. 이 잡생각이 떠오른 순간, 뒤이어 우리는 깨달음을 얻게 된다.

(잡생각에는 바람직한 것과 바람직하지 못한 것이 있는데, 바람직한 잡생각을 더 많이 하는 방법에 대해서는 다음 장에서 다루도록 하겠다.)

외향 네트워크를 지나치게 많이 사용하는 현대인

디폴트 모드 네트워크는 잡생각 외에도 자신과 관련된 기억이나 미래 기억, 현재의 자신을 모니터링하는 기능,

'상식'을 지식으로써 기억하는 의미 기억을 담당하는 것으로 밝혀졌다.

즉, 앞서 이야기한 '기억력이 나빠진' 상태는 기억을 담당하는 실행 네트워크에 문제가 생긴 것이 아니라는 뜻이다. 기억 자체에 오류가 생겼거나 혹은 기억을 검색하는 디폴트 모드 네트워크에 문제가 생긴 것이다.

뇌의 한정된 에너지를 외향 네트워크에서 지나치게 많이 사용함에 따라 내향 네트워크에서 사용할 에너지가 부족해진 것이다.

즉, 건망증을 해결하기 위해서는 인터넷 서핑이나 SNS, 텔레비전, 잡지 등 불필요한 정보에 주의를 기울이지 않도록 해야 한다. 뇌에 쓸데없는 정보를 주지 않음으로 에너지를 보존하는 것이다. 기억력 테스트나 게임으로 훈련하려는 발상과는 정반대의 해결책이라고 할 수 있다.

뇌가 네트워크의 경쟁을 통해 작용함을 알게 되면 자연스럽게 효과적인 대책을 취할 수 있다.

POINT !

멍 때리기를 통해 '내향 네트워크'를 가동시키자.

③ 현출성 네트워크 : 두 가지 네트워크를 전환한다

 세 번째, 현출성 네트워크는 실행 네트워크(외향)와 디폴트 모드 네트워크(내향)를 전환하는 역할을 담당한다. 이 네트워크는 실행 네트워크가 주의를 집중시키기에 앞서서 실행된다. 어떤 현상을 머리로 고민하는 것이 아니라, 몸으로 직접 느낄 때 작용한다. 지금 접촉하고 있는 세계를 몸으로 느끼는 상태로, 현재성 네트워크라고도 불린다.
 현출성 네트워크는 뇌 깊숙한 곳에 있는 복측 전방 대상회와 눈 위쪽부터 귀 언저리를 잇는 안와전두피질-도피질로 구성된다.

여기서 3가지 네트워크의 관계를 정리해 보자.

먼저 현출성 네트워크로 있는 그대로를 느끼고, 그 감각과 운동에 주의를 기울이려 할 때 실행 네트워크가 이용된다. 그런 뒤 주의를 기울이는 자신을 알아챘을 때가 바로 디폴트 모드 네트워크를 사용하는 상태이다. 현출성 네트워크는 비교적 저차원의 의식이며, 다른 2가지가 보다 고차원적인 의식이라 할 수 있다.

현출성 네트워크가 겉으로 드러날 때

현출성 네트워크는 기초적인 부분을 구성하기에 평소에는 의식할 일이 없지만, 예기치 못한 상황에서 나타날 때가 있다. 예를 들어 술을 너무 많이 마신 나머지 평소의 자신이라면 절대로 하지 않을 법한 일을 저질렀다고 가정해 보자. 즉, 생각한 대로, 느낀 그대로 말하거나 행동하고 만 것이다.

이것이 바로 현출성 네트워크가 나타난 상황이다. 고차원의 의식에 의해 억제됐던 것들이 지나친 알코올 섭취로 인해 해방된 것이다. 이처럼 현출성 네트워크와 그 외 2가지 네트워크의 연결이 흐트러지면 저차원의 뇌가 앞서 나가 욕망 혹은 본능적인 행동을 하게 된다.

반대로 고차원의 의식이 두드러지게 되면 '~해야 한다', '~하지 않으면 안 된다' 등 과도한 생각의 늪에 빠지게 된다. '추우니까 껴입는' 것이 아니라, '껴입어야 하니까 껴입는다'가 되고 만다. 이런저런 생각이 너무 많아져 눈앞의 중요한 일을 알아채지 못하는 것이다. 현출성 네트워크의 감각을 잃어버려 생각과 신체의 감각이 일치하지 않는 상태가 된다.

실제로 치매나 자폐증의 경우 이 현출성 네트워크와 다른 두 가지 네트워크의 기능에 문제가 생긴 상태라고도 밝혀졌다.

앞서 이야기했듯 3가지 네트워크의 관계를 조정하는 것은 아이디어를 이끌어 낼 뿐만 아니라, 건전한 정신 건강을 유지하는 데도 도움이 된다.

POINT !
현출성 네트워크는 뇌내 네트워크의 기반을 형성한다.

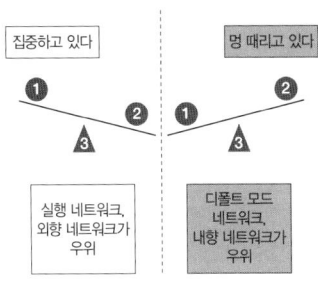

① 실행 네트워크
② 디폴트 모드 네트워크
③ 현출성 네트워크

3가지 네트워크의 관계

세 가지 네트워크가 협력하면 '깨닫는다'

뇌는 현출성 네트워크를 기반으로 하며, 실행 네트워크와 디폴트 모드 네트워크의 경쟁을 통해 작동한다. 여기서 더 나아가 이 책의 목적인 아이디어에 도달하기 위해서는 고차원의 두 네트워크를 협력시켜야 한다.

실행 네트워크와 디폴트 모드 네트워크가 꼭 모든 상황에서 경쟁만 하는 것은 아니다. 협력을 통해 작용하는 경우도 있다.

예를 들어 장래 계획을 세울 때나 거실의 가구 배치를 고민할 때는 고차원의 두 네트워크가 협조한다. 외향과 내향, 양쪽으로 작용하는 것이다.

장래 계획을 세우거나 거실 구조를 생각할 때는 쓰거나 말하거나 머릿속에서 언어화하는 등 실행 네트워크를 사용한다. 그와 동시에 기억을 검색하거나 계획을 자가 평가하는 디폴트 모드 네트워크도 함께 사용한다.

목적에 맞게 거듭 수정할 때와 같이 두 네트워크를 양립해서 구사할 때, 우리 뇌는 깨달음을 얻기 위한 조건을 갖추게 된다.

메타 인지 상태의 중요성

이 두 가지 모드를 동시에 사용할 때는 작업을 하는 나와는 별개로 '이것은 어떨까? 아니, 안 되겠다'와 같이 마음속의 또 다른 나와 대화하는 상태라고 할 수 있다.

작업 중인 나를 또 다른 내가 외부의 관점에서 바라보고 있고, 그 자리에서 지시를 내리는 상태. 이를 고차원의 인지인 '메타 인지'라고 부른다. 아이디어를 짜다가 최종적인 깨달음을 얻을 때는 이 메타 인지 상태여야 한다.

정신적인 문제를 치료할 때도 환자의 메타 인지를 훈련한다. 이를 심리학 분야에서는 '탈중심화' 또는 '객체화'라고 한다. 자신으로부터 한 걸음 떨어져서 자신을 보는 것. 이것이 가능할 때 문제의 해결책이 떠오르고 질환도 개선된다.

'실행 네트워크를 사용하여 필요한 정보를 머릿속에서 찾아내고, 디폴트 모드 네트워크로 그것을 정리한 뒤, 두 네트워크의 협력을 통해 메타 인지를 만들어 낸다.' 번뜩이는 아이디어는 이 과정을 거쳐 얻게 된다.

그러니 우리가 할 일은 '머릿속에 있는 정보를 알아채고, 멍하니 외부의 관점에서 자신을 바라보는 것'뿐이다.

다음 장에서는 그렇게 하기 위한 구체적인 방법에 대해 설명하도록 하겠다.

POINT !

'아이디어'를 위해서는 외부의 시선으로 자신을 바라보자. 그러려면 머릿속의 정보를 알아채고 멍 때려야 한다.

PART
❸

아이디어를
얻기 위해서는
'깨달음'이
필요하다

—
번뜩이는 아이디어란
'머릿속에 있는 답'을 깨닫는 것
—

　우선 깨달음의 법칙① '뇌 속의 답 알아채기'에 대해 자세히 알아보자.

　법칙①은 현출성 네트워크, 실행 네트워크와 관련이 있다. 이 두 가지 네트워크의 관계가 무너진 상태에서는 '깨달음'이 불가능하다.

　현출성 네트워크가 잘 작동하지 않는 상황에서 실행 네트워크가 지나치게 활동할 경우, 막무가내로 시도했다가는 어느 것 하나도 성과를 얻지 못하는 사태가 벌어진다. 마음만 너무 앞서 초조해지고, 일에도 전혀 익숙해지지 않는다.

반대로 현출성 네트워크는 기능하고 있지만 실행 네트워크가 잘 작동하지 않을 때는 스스로 행동하지 않고 지시를 기다리기만 하는 상태가 된다. 이런 경우 자신이 하는 일에 의문을 갖지 않으므로 조금도 발전하지 않는다.

전자는 어려운 일에 너무 많이 도전하는 셈이고, 후자는 안전한 일에만 집착한다. 양쪽 모두 노력은 하고 있으나 이 방법으로 뇌가 깨닫기란 사실상 불가능하다.

깨달음을 위해서는 해야 할 과제를 스몰 스텝 방식으로 처리하는 것이 좋다. 앞에서도 이야기했듯 우리 뇌는 전혀 이해하지 못한 상태에서 갑자기 깨달음을 얻을 수 없다. 아이디어 역시 이미 머릿속에 답이 나와 있는 것들 중에서 탄생한다.

아이디어가 좀처럼 떠오르지 않을 때의 우리 뇌는 인지는 하고 있으나 확실히 깨닫지 못한 상태이다. 그러므로 먼저 머릿속에 있는 정보를 깨닫는 과정이 필요하다.

뇌는 어떤 상태에서 깨닫는가?

순간적으로 깨달음을 얻었을 때 우리 몸은 제멋대로 움

직이기도 한다. 예를 들어 아이디어를 짤 때, 연수 때 받았던 자료가 힌트가 되겠다는 생각이 들면 눈앞의 작업은 제쳐 두고 바로 자료를 찾아보게 된다. 나중에 알아보겠다며 미루지 않고 바로 행동으로 옮긴다. '알고 싶다'는 강한 동기가 끓어올라 자연스레 몸이 움직인다. 이 상태를 두고 러시아의 심리학자 레프 비고츠키Lev Semenovich Vygotsky는 '근접발달영역'이라고 정의했다.

인간은 스스로 해결할 수 없는 어려운 과제에 직면했을 때 스트레스를 받고 의욕을 잃는다. 반대로 혼자서 모두 해결할 수 있는 과제를 할 때 역시 지루함에 의욕을 잃게 된다.

반은 스스로 해결할 수 있지만 나머지 반은 혼자 힘으로 해결할 수 없는 과제, 난이도가 50퍼센트 정도일 때 의욕은 솟아난다. 이를 '근접발달영역'이라 하는데, 이 상태일 때 우리는 눈앞의 일에 의욕적으로 임할 수 있다.

과제의 난이도를 50퍼센트 정도로 조정해 주는 코치나 멘토가 항상 함께하면 좋겠지만, 그럴 수 없으므로 우리는 스스로 과제 설정을 해야 한다. 하지만 이 과정에서 너무 어려운 과제를 자신에게 떠안기거나 너무 쉬운 과제를 주는 등의 실수가 발생한다.

지식만 앞서가면 깨닫지 못한다

참신한 아이디어를 실현시킨 사람은 '어느 곳에나 아이디어의 재료가 있다'고 말한다. 실제로 아이디어는 극히 일상적인 사건이나 이미 알고 있던 것들 속에서 탄생한다. 하지만 그렇게나 가까운 곳에 있다면 더 쉽게 깨닫는 방법은 없을까?

'열심히 하자'며 활기를 북돋는 심리적 작용은 잘못된 과제 설정을 초래한다. 열심히 해서 좋은 결과를 내겠다며 새로운 지식을 배우거나 인간관계를 만든다면, 뇌 입장에서는 어려운 과제의 연속이다. 자신의 힘만으로 해결할 수 없는 일이 50퍼센트를 넘어가는 것이다.

이 경우 우리 뇌는 새롭게 알아낸 정보를 미처 소화하지 못하고 표면적인 지식만을 저장한다. 그러다 결국 '지식을 말할 수는 있지만, 실제 현장에서는 활용하지 못하는' 상황으로 이어지고 만다.

여기서 역시 감정을 분리해서 뇌와 나 자신을 별개의 존재로 다루는 것이 중요하다. 크게 힘들일 필요 없이 일을 세분화하여 묵묵히 스몰 스텝을 만들어 나가는 것이다.

POINT !

뇌 속에 '근접발달영역'을 만들어 두면 과제에 항상 의욕적으로 임할 수 있다.

오류배제학습이
'깨달음'을 만든다

 뇌는 '조금만 더 노력하면 해낼 수 있을 것 같은 과제'를 수행할 때 깨달음을 얻기 쉽다. 이를 오류배제학습이라고 하는데 뇌를 회복시키는 재활에 활용되고 있다.

 예를 들어 기억력 훈련을 위해 역사 속 등장인물을 묻는 기억력 테스트가 있다고 가정해 보자. 당신은 닥치는 대로 그 테스트에 답할 것인가? 아니면 잘 모르는 문제는 넘기고 답할 수 있을 것 같은 문제에만 답변해 갈 것인가?

 둘 중 어느 전략을 고르는가에 따라 깨달음의 여부가 결정된다. 기억력을 단련하기 위해 기억력을 시험하는 방법은 뇌 입장에서 보면 시행착오의 연속이다. 답이 틀리거나 답할 수 없는 경우도 있지만, 테스트 횟수를 채워 나가다 보면 능력이 향상될 것이라는 사고방식에 기반한 트레이닝이다.

시행착오를 통해 실력이 는다는 생각이 바탕에 깔려 있으면 어떤 경우든 닥치는 대로 시행착오를 반복하게 되는데, 이는 비효율적이고 피폐한 방법이다. 근성으로 모든 것을 해결할 수 있다는 '근성론'에 불과하다.

반대로 답할 수 있을 것 같은 문제에만 답해 나가는 것이 바로 오류배제학습의 방법이다. 당신의 기본 개념을 이 학습법으로 바꿔 보기를 바란다.

잘 모르는 문제는 처음부터 넘긴다

예로부터 기억 재활요법에서는 단어를 외웠다가 다시 떠올리게 하는 등의 과제를 끊임없이 반복하는 '시행착오'를 효과적인 훈련법으로 여겨 왔다.

그런데 1990년대 후반에 들어서자 이 방법이 기억력 회복에 효과적이지 않다는 주장이 등장했고, 새로운 기억력 훈련법이 쓰였다. 그것이 바로 오류배제학습이다.

예를 들면 이런 것이다. 이전에는 한 번에 기억할 수 있는 단어가 5개뿐인 기억력 장애 환자에게 50개의 단어를 외우게 하는 높은 난이도의 과제를 주고 이를 반복했다. 틀리거나 답변이 막히더라도 계속 반복하여 횟수를 채웠다.

하지만 이 방법으로는 아무리 노력해도 생각해 낼 수 있는 단어가 5개 정도였을 뿐 그 이상 늘어나지 않는다. 이때, 오류배제학습을 이용한다. 환자는 5개의 단어를 기억할 수 있으므로, 답할 수 있는 문제 중에서 가장 어려운 5개의 기억을 재생하도록 훈련한다. 그런 다음 단어 1개를 추가해서 6개의 단어를 답하게 하면 환자는 6개의 단어를 기억하게 된다. 그 뒤로는 6개의 단어로 훈련하고, 만약 기억하지 못했다면 5개로 줄여 훈련을 계속하는 것이다.

이런 식으로 뇌에 '답할 수 없다'거나 '모르겠다'는 등의 오류가 일어나지 않도록 훈련하는 것이 뇌의 성장에는 보다 효과적이다.

새로운 아이디어가 필요하다고 해서 전혀 모르는 내용을 배우는 것은 뇌에 오류만 불러일으킨다. 새로운 아이디어가 필요할 때일수록 '알고 있다고 착각할 뿐, 다른 사람에게 명확히 설명할 수 없는 것'을 다시 학습해야 한다.

뇌가 불필요한 오류를 일으키지 않으면서 조금만 노력

하면 확실히 달성할 수 있는 과제를 목표로 설정하자.

POINT !

'아이디어'가 필요할 때는 새로운 지식을 학습하는 것보다 기존 지식의 재학습을 권장한다.

자신에게 주는 과제는 '스몰 스텝'으로!

    오류배제학습을 실행하기 위해서는 '스몰 스텝'을 항상 염두에 두어야 한다. 자신에게 주는 과제를 요소별로 세분화하여 작은 단계를 만들어 확실히 성공시켜 나가는 것이다. 스몰 스텝을 설정할 수 있다면 자연스레 오류배제학습으로 이어진다.

    자사 신제품 개발에 착수하는 경우를 한 예로 들어 보자. 분야는 지금까지 전혀 접점이 없었던 건강 관리 시스템 개발이다. 전혀 모르는 상태에서 시작하는 것이라 현재 출시된 유사 상품의 정보를 막연히 수집하려는 사람이 많을 것이다. 그런 뒤 그것을 모아 각 상품의 포지션을 정리하고, 지금부터 개발할 자사 제품의 포지션과 고객층을 결정하는 순서로 작업을 진행할 것이다. 이 방식으로 일할 경우 시장에 이미 많은 상품이 있음을 알게 되고 그 종류를 빠짐없이 조사하는 데 많은 시간과 에너지를 소모하게 된다.

그렇게 되면 타사의 서비스는 물론이고, 건강 관리 시스템이 무엇을 목적으로 하는 상품인지도 모르고 시작하게 된다. 결국, 스트레스만 계속 쌓이고 의욕도 잃고 만다.

작업은 '분해'하는 것이 좋다

이러한 상황을 방지하기 위해서는 스몰 스텝이 필요하다. 스몰 스텝 방식에서는 작업을 분해한다. 정보 수집 과정을 예로 들면 이렇다. 기존 상품을 인터넷에서 조사하고, 생각난 점을 옮겨 적고, 사용자가 될 수 있는 사원에게 설문 조사를 하고, 그 분야에 정통한 사람에게 접촉하는 등의 작업으로 나누는 것이다. 그런 뒤 지금까지 자신이 경험한 적이 있으면서, 가장 성공적이었던 작업을 하나 고르는 것이다.

뇌에 무수한 성공 체험을 만들어 주자

이런 경우 노트에 아이디어를 적었을 때 일이 잘 풀린 사람이 있는가 하면, 그 일에 정통한 사람에게 연락해서 해결한 사람도 있을 것이다. 즉, 자신의 경험 중에서 성공을 거두었던 작업을 실행하고, 하나의 확실한 성공을 만드는 것이다.

노트에 아이디어를 적는 작업 역시 더 세분화하면 '노트에 프로젝트 페이지 만들기', '관련된 분야 적어 보기', '내가 원하는 서비스 적어 보기', '우선순위나 상위, 하위 개념으로 분류하기' 등이 될 것이다.

이 중에서도 지금까지의 경험상 가장 성공했던 작업을 하나 골라 성공 사례로 만든다.

노트에 프로젝트 페이지를 만든 것을 성공으로 간주하다니 너무 저차원적이라고 생각할 수도 있다. 하지만 마구잡이로 인터넷 검색만 하다가 시간을 낭비해 기본 준비조차 안 된 것과 비교하면 확실히 진척이 있다고 할 수 있다.

중요한 것은 자신이 얼마나 많은 작업을 완수했는지가 아니라, '뇌에 확실한 성공 체험을 몇 차례 만들어 주었는가'이다.

단계를 세세하게 설정할수록 뇌에 축적되는 성공 사례는 늘어난다. 이것이 곧 능력을 향상시키는 확실한 방법이다. 일하는 능력이 곧 스몰 스텝 설정 능력이라고 해도 과언이 아니다.

POINT !

큰 성공을 목표로 삼아 좌절하기보다는 작은 성공을 쌓아 나가자.

뇌가 자동으로 움직이는 '자기 조직화'에 맡겨 보자

 스몰 스텝으로 작은 성공을 쌓아 나가다 보면, 뇌는 저절로 '깨달음'에 가까워진다. 어떤 계기만 생기면 지금까지 있었던 사건이나 생각이 제자리를 찾고, 모든 톱니바퀴가 깔끔하게 맞아떨어지듯 깨달음을 얻게 된다. 이를 '자기 조직화'라 하는데, 생물학이나 정보 통신 분야에서 자주 등장하는 용어이다. 따로 활동하던 개체들이 일정한 질서를 만들어 내는 기능이라고 할 수 있다.

 예를 들면 이런 것이다. 동물이 무리를 지어 활동하거나 철새가 정해진 경로로 이동하는 것도 자기 조직화 현상이다. 뇌의 신경 활동도 질서가 만들어진 순간 크게 성장한다. 그 계기가 되는 것이 바로 '깨달음'이다.

자기 조직화의 재료는 평소 우리의 행동이다. 행동은 우리가 가진 '상식'을 바탕으로 한다.

뇌는 실제 행동했던 기억을 바탕으로 다음 행동을 결정하는 피드포워드 방식으로 작동한다고 앞에서 언급했다. 그렇다면 다음 행동을 결정하는 것도 바로 머릿속에 만들어진 상식이다.

'머릿속의 상식'을 매번 수정하지 말 것

여기서 말하는 상식은 일반적인 사고방식이나 가치관이 아니라 평소 몸의 움직임 그 자체를 의미한다.

'당신은 왜 그런 식으로 걷는가?'

우리는 이런 생각을 하지 않는다. 평소 그런 걸음걸이이기 때문이다.

아이디어에 가까워지려면 매일의 행동 하나하나가 질서를 이루어야 한다. 현재 만들어진 질서가 현재 당신의 상식이며 행동할 때마다 그 상식은 수정된다.

시행착오를 겪으면서 뇌는 매번 다른 상식을 경험하게

되므로, 아무리 노력해도 아이디어의 실마리는 보이지 않는다. 질서 없이 행동할수록 뇌는 혼란만 느끼게 된다. 스몰 스텝을 실행하면 평소의 행동에서 오류가 일어나지 않을 만큼의 질서가 생기고 자기 조직화가 된다.

당신은 스몰 스텝만 실행하면 된다. 그 다음은 뇌가 스스로 오류배제학습과 자기 조직화 작업에 들어가므로 그저 가만히 몸을 맡기기만 하면 된다.

POINT !

뇌가 자기 조직화할 수 있도록 가급적 시행착오의 횟수를 줄이자.

―

'○○ 완료'라는 말을
습관화하자

―

  스몰 스텝을 설정하게 되면 법칙①은 완료한 셈이다. 그 다음에는 법칙②인 '멍 때리기'로 넘어가자.

  법칙①부터 법칙②를 순서대로 반복할수록 아이디어에 가까워진다. 단, 뇌가 '법칙①을 완료했다'는 것은 명확히 해 두어야 한다. 이를 위해서는 '○○ 완료'라고 말하는 습관을 들여야 한다.

  스몰 스텝의 개념을 완벽히 이해했다고 해도, 작업이 끝난 뒤 자기도 모르게 '아직 이것도 하지 못했네', '저것도 해야지'와 같은 생각을 하게 될 때가 있다. 이런 경우 그 작업은 뇌에 아직 성공 체험으로 인식되지 않았다고 할 수 있다.

스몰 스텝의 역할은 뇌에 성공 체험을 만들어 주는 데 있다. 실제로 그 날 해야 할 작업의 성공 여부가 아니라, 머릿속에 '성공했다'는 기정사실을 만드는 것이다.

말이 뇌를 만들고, 뇌가 행동을 만든다.

우리가 평소 쓰는 말은 다른 사람에게 의사를 전달할 뿐만 아니라 자신의 사고를 만든다. 즉, 말은 우리 머릿속의 기억으로 접근하는 코드이다.

'아직 다 못했다'라는 말이 입에서 나오면, 그 말을 근거로 뇌는 '아직 완료하지 못한 나'의 기억을 끄집어내 그 행동을 실행하도록 명령을 내린다. 그러면 이 명령 때문에 작업 속도는 더디어진다. 작업이 진척되지 않는 원인은 뇌에 있지만, 뇌에 명령을 내린 것은 말인 셈이다.

당신이 평소에 내뱉는 모든 말이 당신의 뇌를 만들고, 그 뇌가 당신의 행동을 만든다. 즉, 말을 바꿀 수 있다면 행동도 얼마든지 바꿀 수 있다.

그러기 위해서 해야 할 일은 무척 간단하다. 일이 끝나면 '○○ 완료'라고 말하기만 하면 된다. 평소 '해야지' 혹은 '전혀 못 했다'와 같은 말을 자주 쓴다면 이제부터라도 '여기까지 했다', '○○을 완료했다'라고 소리 내서 말해 보자.

이 말을 입 밖으로 내뱉을 수 없을 때는 스몰 스텝이 설정되지 않은 상태이다. 작업을 더욱 세분화하여 확실히 완료된 부분만 '완료'라고 말하는 것, 이것을 습관화하면 법칙①은 간단히 충족시킬 수 있다.

POINT !

'완료'라고 말할 수 없을 때는 작업을 더 세분화해서 '완료'라고 말하도록 하자.

—
'이해한 줄 알았던 것'을
다시 배움으로써 '깨닫기'
—

지금까지는 작업을 수행할 때의 사고방식과 완료 조건에 대해서 말했다. 이제부터는 보다 효율적으로 뇌의 '깨달음'을 이끌어 내는 요령을 소개하고자 한다. 법칙① '깨닫기 쉬운 환경 만들기'의 실천 방법이다.

예를 들어, 정보를 수집할 때는 새로운 것을 배우려 하지 말고, 내가 이해한 것을 그 내용에 대해 전혀 모르는 사람에게 설명할 수 있을 때까지 공부하도록 하자.

의료 업계의 기술 강습에서는 이런 장면을 자주 목격하게 된다. 어떤 수술 기법에 정통한 강사의 강연을 들은 뒤

"이럴 때는 어떻게 하면 좋을까요?"라고 질문하는 사람이 있다.

강사가 그 질문에 답하면 질문자는 이해하고 바로 현장에서 시험해 보는데, 그 방법이 잘 통하거나 통하지 않더라도 결국 그 사람은 거기서 멈춘 채 더는 발전하지 않는다.

형태를 따라 하기만 해서는 아이디어가 떠오르지 않는다. 방법을 알고 있는 사람에게 방법을 전해 들어도 자신이 이해한 상태는 아닌 것이다.

스스로 아이디어를 떠올리고 질서를 만들어 내는 사람은 "○○라고 생각해서 △△하고 있는데 선생님은 어떻게 생각하십니까?"와 같이 질문한다. 이미 자기 생각이 있기 때문에 그것을 다른 사람에게 설명한 뒤에 질문한다.

타인에게 설명할 수 있는 수준으로 이해한 상태라면 앞서 얻은 지식에 질서가 생기고 이어서 깨달음에 이르게 된다.

당신의 지식은 남에게 설명할 수 있는 수준인가? 자신이 일을 하면서 어떤 말을 사용하고 있는지 객관적으로 돌아보기를 바란다. 어찌어찌 의미는 통하지만, 막상 설명하려면 할 수 없는 용어를 쓰고 있지는 않은가? 그렇게 해서는 절대로 우리 뇌에 성공 체험을 쌓을 수 없다.

타인에게 통하는 말로 설명할 수 있는가?

비즈니스 상황에서는 우리가 흔히 안다고 생각하는 외래어가 빈번하게 등장한다. 일전에 회의를 하다가 이런 문장을 들은 적이 있다.

"다이버시티(도쿄의 상업 시설)에도 컴플라이언스Compliance가 필요하고, 어떤 솔루션Solution을 도출하기 위해서는 이노베이션Innovation이 필수적이다."

이런 말을 듣게 되면 다른 사람에게 이 단어들을 확실히 설명할 수 없음에도 마치 이해한 듯한 착각이 들어 비슷한 말을 쓰게 된다. 그렇다면 왜 이런 착각을 하게 되는 것일까?

한 예로 '징크피리치온Zinc Pyrithione 효과'라는 현상을 들어 보자. 징크피리치온은 항균, 방부제를 목적으로 샴푸 등에 들어가는 유기 화합물이다. 놀라운 것은 이를 전혀 모르는 사람도 '징크피리치온 함유'라는 선전 문구를 보면 생소함이나 어감 자체에 영향을 받아 '과학적 근거가 있어서 이해하기 쉽다'고 느낀다는 것이다. 기술적인 부분을 설명할 때 생소하고 애매한 일반 용어로 바꿔서 설명하면 이런 현상이 일어나 상대가 '이해하기 쉽다'고 느끼게 된다.

사실, 스스로 의미가 잘 이해되지 않더라도 상대가 이해한 듯한 표정을 하면 당신은 그 말을 다용하게 된다. 그렇게 되면 어려운 말은 할 수 있을지 몰라도 실천은 할 수 없는 사람이 되기에 주의해야 한다.

우리 뇌에 작은 성공을 축적하기 위해서는 다른 사람에게 설명할 수 있는 말을 사용해야 한다. 알고 있는 셈 치지만 잘 설명할 수 없는 단어는 다시 배우고, 확실히 이해될 때까지 다른 사람에게 설명해 보자. 다소 번거롭고 먼 길을 돌아가는 것처럼 느껴질 수 있지만 이것이 바로 깨달음으로 가는 지름길이다.

POINT !

당신의 지식은 남에게 설명할 수 있을 정도인가?

—
'보지 않고', '듣지 않을' 정보를 결정한다
—

'시행착오를 겪지 말자'고 생각은 해도 아이디어를 짜는 초기 단계에서는 가능한 많은 정보를 수집할 필요가 있다. 이 과정에서는 정보와 관계를 잘 맺는 것이 중요하다. 일단 한 번 접촉하고 나면 이후 정보를 접하지 않는 데 불안을 느끼게 된다. 의존증과 비슷한 메커니즘이다.

모르는 것을 보거나 들을 때 우리 뇌 속에는 노르아드레날린Noradrenalin이라는 물질이 급격하게 늘어난다. 이는 주의력이나 집중력을 담당하는 물질로 높은 집중력을 만들어 내지만, 동시에 불안과 초조한 감정을 만들기도 한다. 동물로 말하자면 시야에 적이 들어온 것을 발견한 뒤 공포감으로 인해 급격히 집중력이 높아진 상태라고 할 수 있다.

노르아드레날린의 작용은 인간에게도 똑같이 나타난다. 정보에 대해 공포를 느끼는 것은 아니지만, 모르는 정보를 접하면 그것이 자신에게 필요 없다고 할지라도 '알아 두어야 한다'는 마음이 생기는 것이다.

우리는 불필요한 정보를 너무 많이 접한다

만약 당신이 정보를 제공하는 입장이라면 어떤 정보를 제공하려고 노력하겠는가?

아마 '꼭 알아 두어야 할 ○○'등 상대의 무지를 위협하거나 나쁜 것으로 부추기려 할 것이다. 특이한 일이 일어났을 때 사진을 찍어 SNS에 올리는 것도 비슷한 맥락이다. 남들이 봐 줬으면 하는 마음에서 상대에게 '이것도 몰라?'하고 강요하는 것이다. 요즘 시대는 정보가 넘쳐 나기 때문에 상대의 마음을 필요 이상으로 자극하지 않으면 제공한 정보가 상대의 의식에 머무르기 힘들다.

의식적으로든 무의식적으로든 우리는 상대를 초조하게

하며 우리 역시 상대로부터 초조함을 느끼고 있다. 이런 환경에 놓여 있다는 점을 이해해야만 정보와의 관계를 잘 만들어 가는 기술이 나온다.

'정보 단식'이 뇌의 생산성을 향상시킨다

우리 뇌가 정보를 소화시키는 내장 기관이라고 생각하면, 소화량의 허용치를 넘었을 때 '먹지 않는' 것은 너무도 자연스러운 발상이다. 명확한 목적도 없이 일단 정보를 수집하는 것은 지나치게 많은 음식을 일단 먹어 보고 고르는 것과 같다. 이렇게 해서는 절대로 과식을 막을 수 없다.

그렇다면 일부러 정보를 보지 않고 듣지 않음으로써 뇌로 전달되는 정보를 차단해 보자. 그랬다가 중요한 정보를 놓치게 되는 것은 아닐지 걱정될 수도 있지만, 사실 그것은 노르아드레날린에 의해 만들어진 초조함에 불과하다.

시험 삼아 텔레비전이나 SNS 등 일상적으로 접하는 매체를 반나절이나 하루 정도만 끊어 보자. 가능하다면 4일 동안 끊어 보도록 하자. 그러면 자신의 뇌에 일어나는 변화를 더 쉽게 실감할 수 있을 것이다.

뇌의 생산성을 향상시키고 싶다며 찾아오는 사람에게

나는 '정보 단식'의 일환으로 이 방법을 제안했다. 다들 처음에는 반신반의했지만, 막상 해 보면 '딱히 불편함이 없음'을 깨닫고, 4일에서 2주가 지나면 '불필요한 정보가 귀찮아졌다', '확실히 일을 더 순조롭게 진행할 수 있게 됐다'는 반응을 보였다.

당신도 시간적 여유가 있을 때, 꼭 정보 단식을 체험해 보기 바란다.

노르아드레날린이 분비되지 않는 환경 만들기

깨달음에 관한 NG 행동 항목에서도 언급했듯이 정보를 접할 때는 골똘히 읽지 말고 자신의 머릿속에 있는 단어, 접근 코드를 찾는 데 전념해야 한다.

우리가 초조함을 느끼는 것은 노르아드레날린의 작용 때문이다. 이는 물질의 작용, 즉 생리 현상이며 마음가짐의 문제가 아니다. '마음에 더 여유를 갖자'와 같은 심리적인 대책을 세워도 해결되지 않는다.

물질적인 작용이므로 일단 노르아드레날린이 증가한 뒤에는 제어하기가 어렵다. 때문에 애초에 노르아드레날린의 분비가 늘어나지 않는 환경을 만들어 주어야 한다.

시험 삼아 정보 단식을 할 때는 극단적으로 어떤 정보 매체도 접하지 않는 것이 좋지만, 일상생활에서까지 그럴 필요는 없다. 평소 접하는 정보 속에서 보지 않을 것, 듣지 않을 것을 하나씩 정해 보자.

보고 듣는 선택지를 줄임으로써 뇌를 과잉 정보로부터 보호하는 것이다.

POINT !
'알아 두어야 하는 정보'는 사실 그렇게 많지 않다.

정보 접하는 횟수를
하루 2번으로 제한하기

    정보 단식처럼 새로운 것을 시험할 때는 4일부터 2주 정도의 기간을 갖도록 하자. 그렇게 하는 데는 우리 뇌와 몸의 생체 리듬과 관련이 있다.

    우리 세포에는 시계 유전자가 있다. 이 시계 유전자는 시계 물질을 생산하는데, 이 물질이 너무 많아지면 생산을 그만두고 분해되었다가 부족해지면 다시 생산하기 시작한다. 수요와 공급의 균형을 이루도록 하는 세포의 활동 주기가 생체 리듬을 결정하는 것이다.

    약 24시간, 1일 주기를 서캐디안 리듬Circadian Rhythm, 즉

일주기 리듬이라 한다.

아침 햇살이 뇌에 도착한 시점부터 신경 유전 물질이나 호르몬이 몇 시간 후에 분비되는지는 대략 정해져 있다. 우리가 능력을 발휘할 때 기복이 나타나는 것도 근본적으로 이 생체 리듬과 관련이 있다.

4일 동안 지속하는 것이 습관화의 첫걸음

서캐디안 리듬보다도 긴 주기의 리듬으로 3.5일 리듬이 있다.

뇌는 3.5일을 기점으로 자극에 익숙해지므로 그때쯤이면 다른 자극을 원하게 된다. 즉, 질려 버린 상태라고 할 수 있는데 이른바 작심삼일의 메커니즘이다. 이는 곧 3.5일의 벽을 넘어 4일간 지속하는 것이 새로운 습관을 들이기 위한 첫 번째 관문임을 의미한다.

3.5일 리듬의 2배가 약 7일 주기 리듬이고, 그 두 배가 약 2주기 리듬이다. 임상적으로 새로운 행위를 시험했을 때 대체로 2주 뒤에는 변화가 나타난다.

새로운 습관을 들이기 위해서는 4일부터 2주일 동안 지속하는 것이 대략적인 목표가 된다. 다이어트나 어학 공부 등 어떤 일에라도 공통이므로 기억해 두었다가 활용해 보자.

6시에 일어날 경우 9시와 16시가 정보 수집 시간

뇌의 퍼포먼스는 생체 리듬에 따라 결정되므로 정보 수집에 적당한 시간대도 정해져 있다. 통상적으로는 일어난 지 3시간 뒤와 10시간 뒤가 좋다. 6시에 일어나는 사람의 경우 9시와 16시가 기억력이 좋고 정보 수집 능력도 높다.

따라서 이 시간대에 메일을 확인하는 것은 피하도록 하자. 직장 생활의 경우 아침 출근 직후와 퇴근 전 시간이 그렇다. 매일 방대한 양의 메일을 읽지만, 그중에는 간단한 공지 메일이나 참조 메일도 있을 것이다.

한정된 뇌 자원을 활용하여 기억력을 향상시킨 시간대에 중요하지도 않은 메일을 보는 것은 매우 안타까운 일이다. 가볍게 읽어도 되는 메일은 뇌의 각성도가 떨어지는 14시(기상 후 8시간) 전후에 읽고 처리해도 충분하다.

출근 직후와 퇴근 전 시간을 메일이나 회람판을 보는 데 쓰고, 오후 시간대에 정보 수집이나 자료 작성을 하다 보면 성과는 당연히 오르지 않는다. 작업 타이밍을 바꾸는 것만으로도 당신의 능력은 더욱 성장할 수 있다.

9시와 16시에는 가장 머리를 써야 하는 일, 집중해서 읽고 풀어 나가야 할 일을 하고 머릿속에 기록해 두어야 할 정보를 확실히 습득하도록 하자.

POINT!

기억력과 정보 수집 능력이 높은 시간대는 기상한 지 3시간 뒤, 10시간 뒤이다.

중요한 일은
'이중 기억'으로 보관한다

 기억은 뇌에서 불필요한 정보로 판단될 경우 수면 중에 아폽토시스Apoptosis 작용을 일으켜서 신경 세포를 사멸시킨다. 따라서 중요한 일을 기억으로 남겨 두고 싶을 때는 두 번째 기억을 만들어야 한다.

 우리의 기억은 여러 개의 신경 세포로 구성된 네트워크 속에 저장되어 있다. 종종 '기억의 서랍'이라고 말하는데, 실제 서랍처럼 늘 같은 장소에 보관되어 있지는 않다. 요소별로 분해되어 각각의 네트워크로 흩어져 있다가 생각을 떠올릴 때 다시 집결되는 구조이다.

사고는 이렇게 강화된다

신경 세포끼리 연결하는 선을 신경 섬유라고 부르는데, 이는 종종 전선에 비유된다. 정보는 마치 전선으로 전기가 통하듯 전달된다. 한 번 전기가 지나간 전선에는 한동안 전기가 남아 있고, 다음부터는 전기가 더 쉽게 통하게 된다.

신경 섬유는 복잡한 그물망 형태로 펼쳐져 있기 때문에 분기점이 많다. 그럼에도 목적으로 삼은 정보에 도달할 수 있는 것은 자주 이용되는 전선에 전기가 남아 있기 때문이다.

전기가 분기점에 도착하면 전기가 남아 있는 전선으로 끌려 들어간다. 이렇게 우리 뇌 속에는 자주 이용하는 경로가 정해져 있다.

이 경로가 우리의 사고 습관을 만들기 때문에, 지금 당신의 사고방식이나 가치관은 전기가 남아 있는 전선에 의해 만들어졌다고 할 수 있다. 전기가 남아 있는 신경 섬유를 더 자주 이용하므로 이용하고 싶은 경로에 전기를 남겨두면 되는 것이다.

시간제한은 2주일!

뇌가 정보를 접하면 신경 섬유가 만들어진다. 처음의 한 번 이후 다시 정보를 접하지 않으면 전기의 위치는 곧바로 사라지며 기억은 수면 중에 소거된다.

따라서 남기고 싶은 기억이 있다면 다시 한 번 상기시켜야 한다. 전기가 같은 경로를 다시 지나가면 그 경로는 '자주 이용되는 경로'가 되고, 기억으로써 더 잘 저장된다.

다시 한 번 기억하기까지의 유예 기간은 2주일이다. 신경 세포가 다시 활발해지는 현상을 '장기강화'라고 하는데, 이것이 일어나는 한계 시점은 처음 기억한 뒤로부터 2주일 전후이다. 그러니 남겨 두고 싶은 기억이 있다면 2주일 이내에 다시 한 번 기억해야 한다.

사실, 한 번 더 기억시키는 이중 기억은 그렇게 어려운 일이 아니다. 재미있는 일이 생겨 친구에게 그 내용을 말하는 것만으로도 우리 머릿속에는 이중 기억이 만들어진다. 그 밖에 메모를 남긴 것들 중에서 중요한 내용을 추려 노트에 옮겨 적는 것도 하나의 좋은 방법이다. 모두 간단히 실천할 수 있는 일이다.

잊고 싶은 일도 이중 기억이 되고 만다

단, 바람직하지 않은 일을 자기도 모르게 이중으로 기억하는 경우가 있으니 주의하자. 예를 들어, 안 좋은 일이 생겨 불평한다면 그것도 이중 기억이 된다. 그 일이 머릿속에 확실히 저장되고 만다.

평소 하는 말이나 일기 쓰기, 블로그나 SNS에 쓰는 글들 모두 당신의 뇌에 이중 기억을 만드는 작업이다. 이때, 어떤 기억을 저장하느냐에 따라 당신의 사고 방식과 가치관이 결정된다.

가장 중요한 것은 2주일 이내에 의도적으로 이중 기억을 만드는 일이다. 능동적으로 기억을 만든다고 생각하면 평소 사용하는 말에도 주의를 기울이게 된다.

바람직한 기억을 남기기 위해 자신의 말을 능동적으로 조절하다 보면 더 높은 목표로 향하는 사고방식이 자연스럽게 만들어진다.

POINT !
2주일 동안 의도적으로 기억을 강화하자.

—
생각할 때 '말해야 하는'
2가지 이유
—

    다들 한 번쯤은 직장 동료나 친구, 가족과의 대화가 아이디어의 계기가 된 경험이 있을 것이다. 이처럼 우리 머릿속의 기억을 알아채기 위해서는 다른 사람과의 대화가 반드시 필요하다. 아이디어를 얻으려 할 때 대화가 우리 머릿속에서 하는 일은 정보의 압축과 어휘 수집이다.

    우리는 말로 표현할 수 없는 체험을 하게 되면 큰 충격을 받는다. 좋은 체험이든 나쁜 체험이든 마찬가지이다.

    예를 들어, 정신 질환을 앓게 되면 지금껏 한 번도 경험한 적 없는 상태가 된다. 머릿속에서 사람의 말소리가 들리거나 몸이 움직이지 않는 등 자신의 상식에서 벗어난 일들을 겪게 된다. 지금껏 경험한 적 없는 정보가 뇌 속에 넘쳐 나 소화 속도가 도저히 따라갈 수 없는 상태가 된다.

말로 해야 하는 이유 ① : 넘쳐 난 정보가 압축된다

최근 정신과 치료에서 '열린 대화'라는 치료법이 주목받고 있다. 의뢰를 받으면 48시간 이내에 의료 전문가들이 현장을 찾아가 본인뿐만 아니라 상사나 친구, 가족 등 관계된 사람들을 모아 대화하는 매우 단순한 기법이다.

단, 이때의 대화는 '결론을 내지 않는다', '직함이나 입장은 상관없다', '자유롭게 말한다', '본인이 없을 때 앞으로의 방침을 말하지 않는다' 등의 규칙을 갖는다. 이 방법을 실시한 뒤 약물치료를 필요로 한 경우는 전체의 35퍼센트에 그쳤으며, 재발률은 24퍼센트(실시하지 않은 실험군은 71퍼센트)까지 감소하는 결과를 얻어 냈다.

경험한 일에 대한 적절한 단어를 찾아내면 머릿속에 넘쳐 나던 정보가 하나의 단어에 관련성을 갖게 되면서 질서가 만들어진다. 마치 용량이 큰 파일을 압축하는 것과 같다. 말을 통해 머릿속의 정보가 질서를 이루며 증상이 나아지는 것이다.

말을 통해 머릿속의 정보가 압축되는 현상은 우리 모두 체험한 적이 있다. 놀라거나 당황스럽고 혼란스러운 일이 있었을 때, 다른 사람에게 털어놓으면 어떤 기분이 드는가? 크게 대단한 일이 아니라는 생각이 들지 않았는가?

말은 머릿속에 있는 정보의 질서를 만들어 내는 중요한 도구이다. 효율적인 말로 정보를 압축할 수 있다면 모처럼 얻어 낸 중요한 기억을 확실히 알아챌 수 있다.

말로 해야 하는 이유 ② : 어휘력이 늘어난다

혼잣말에도 마음을 차분하게 하거나 냉정을 되찾게 하는 효과가 있지만, 대화가 더 효과적인 이유는 자신에게 없는 어휘를 다른 사람에게서 얻을 수 있기 때문이다.

평소 우리가 사용하는 어휘는 생각보다 많지 않다. 그 결과, 어휘량이 적으면 그만큼 자신이 체험한 일에 대해서 적절한 단어를 찾기가 어려워진다. 적절한 단어를 찾지 못해 머릿속의 정보가 정리되지 않으면 사소한 일로도 금세 우왕좌왕하게 된다.

우리 시대는 디지털화를 통해 편리해졌다. 말하지 않아

도 물건을 살 수 있고, 식사도 할 수 있고, 심지어 일도 할 수 있는 세상이 되었다. 그만큼 변화에 대한 대응 능력이 약해졌다고 할 수 있다.

꼭 다른 사람에게 상담하지 않더라도 좋다. 그저 세상 사는 말을 하거나 가게 등에서 접객을 받는 것만으로도 자신에게 없는 어휘를 얻을 수 있다. 어휘가 늘어나면 그만큼 머릿속의 정보들을 서로 관련짓기가 용이해진다.

최근 들어 잡담의 중요성이 대두되는 것도 낮은 대응 능력에 위기감을 느끼는 증거라고 할 수 있다. 대화를 머릿속 정보를 관리하는 기술 중 하나로 여기면 아이디어뿐만 아니라 건전한 정신 건강과 일의 보람도 함께 얻을 수 있다.

POINT !

{ 혼자서 깊이 생각하지 말자. 깨달음에는 반드시 대화가 필요하다. }

'틀'을 습득해서 정보의 압축력을 높이기

 머릿속의 정보 압축력은 곧 그 사람의 대응 능력이 된다. 말 외에도 머릿속의 정보를 압축할 수 있는 수단은 또 있다. 바로 몸의 움직임이다. 몸의 움직임에는 어휘와 같이 '틀'이 있고, 이 틀 역시 머릿속의 정보를 압축해서 대응 능력을 높이는 역할을 한다.

 예를 들어, 서예를 배운 적이 있는 사람이라면 붓을 들었을 때 자세가 꼿꼿이 펴지고 몸의 중심축이 균형을 이룬다. 붓을 든 손에는 불필요한 힘이 빠져 물 흐르듯이 움직이게 된다. 그 밖에도 악기를 드는 손, 공을 차는 방법 등 관련 경험이 있는 사람과 없는 사람은 사소한 동작에서도 확연히 차이가 난다. 이러한 몸의 움직임은 단어를 담고 있는 사전과 같다. 습득한 움직임은 일정한 틀로 저장되어 필요할 때 틀 그대로 출력된다. 틀대로 움직일 때는 온전히 그 작업에만 집중할 수 있다. 틀에 따라 머릿속의 정보가 압축되면서 질서가 생기고 정보가 처리된다.

동작은 꼼꼼하게 저장할 것

운동 경기를 보면 본격적인 경기에 앞서 선수들이 의식처럼 항상 같은 동작을 하는 것을 볼 수 있다. 이제부터 어떤 일이 일어날지 예측할 수 없기에 거기에 대응하기 위해 머릿속의 정보를 최대한 활용할 수 있도록 여분의 정보를 틀을 통해 압축하는 것이다.

마찬가지로 뇌에 손상을 입었을 때 같은 방향을 보고 같은 속도로 몸을 흔들거나 같은 경로를 계속 걷게 되는 등의 '정형행동'이 나타나는 경우가 있다. 이 역시 그 사람의 뇌가 상황에 대응하기 어려워졌기 때문에 머릿속의 정보량을 조금이라도 줄이고자 틀을 사용하여 압축하는 상태라고 할 수 있다.

전자는 의도적이고 능동적, 후자는 무의식적이고 수동적이라는 점에서 다르지만, 두 경우 모두 틀을 사용해서 그 상황의 적응 능력을 향상시키려는 현상이다.

회사 생활의 경험이 풍부하고 숙련된 사람은 그 일을 할 때 몸을 어떻게 사용해야 하는지 이미 알고 있다. 딱히 의식하지 않더라도 뇌는 평소 동작으로부터 틀을 만들어 저장하고, 새로운 상황에 대응할 수 있도록 준비하고 있다.

실제 경험을 더 많이 가진 사람이 더 많은 틀을 머릿속에 저장하고 있으므로 다양한 상황에 차분히 대응할 수 있다. 이때, 동작 하나하나를 꼼꼼히 저장해 두어야만 작업의 질을 높이고 그로부터 얻는 감각의 질도 높일 수 있다.

평소 틀의 양과 질을 의식하고 일에 임하면 평범한 일상 속에서도 머릿속의 정보를 풍부하게 만들 수 있다. 또한 깨달음의 첫 단계를 준비할 기회도 무궁무진하게 늘어난다.

POINT !

틀의 양과 질을 높여 나가면 적응 능력도 점차 향상된다.

PART
❹

그저
'멍 때리는' 것만으로는
떠오르지 않는다

—
'뇌의 작업을 방해하지 않는 것
= 멍 때리는 것'
—

　법칙①을 완료했다면 빠르게 법칙②로 넘어가도록 하자. 법칙①에서 깨달은 점은 계기에 불과하며, 번뜩이는 아이디어에는 아직 도달하지 못했다.

　법칙①이 외향 네트워크의 활용이었다면 법칙②는 내향 네트워크인 디폴트 모드 네트워크의 활동이 열쇠가 된다. 이제부터는 뇌 속의 자원에 주목해 보려 한다.

　단, 이것은 뇌의 작업이다. 당신의 역할은 뇌의 작업을 방해하지 않으며 뇌가 작업하기 쉬운 환경을 만드는 것뿐이다. 이것이 바로 멍 때리기이다.

뇌의 내향 네트워크인 디폴트 모드 네트워크는 정보를 정리해서 답을 도출한다. 이 네트워크 활동은 성장기 때 크게 발달했다가 점차 나이가 들면서 감퇴하는 것으로 알려져 있다. 그렇다면 디폴트 모드 네트워크의 활동을 활발하게 만들면 깨달음에 도달하기가 쉬워질까?

사실, 디폴트 모드 네트워크가 지나치게 활발한 상태 역시 목적을 달성하는 데는 방해가 된다. 내향 네트워크가 너무 열심히 작동하면 뇌가 마음대로 여러 감각이나 사고를 만들게 되고, 있지도 않은 일을 끊임없이 고민하게 된다.

조현병 환자의 경우 실제로 존재하지 않는 것을 보고 듣는 환각이나 환청을 경험한다. 그 결과, 현실에서 있을 수 없는 생각이 확신으로 바뀌는 망상을 체험하게 된다.

이러한 증상은 평소의 뇌와는 다른 활동이 지나치게 많이 나타난다는 점에서 '양성 증상'이라고 불린다. 양성 증상이 나타났을 때는 디폴트 모드 네트워크가 과잉 작동 중인 것으로 밝혀졌다. 내향 네트워크를 통해 뇌 속에서 만들어진 가상 현실이 현실보다 강력한 힘을 갖게 되는 것이다.

환자가 환청을 들을 때 다른 사람에게는 그 소리가 들리지 않는다. 하지만 환자의 뇌 활동을 보면 목소리를 듣는 청각 영역이 활발하게 작동한다. 환자의 뇌 속에서는 실제로 음성이 만들어지고 있는 것이다. 귓속으로 들어와 고막이 진동하고 그것을 음성으로 인식하는 과정을 거치는 목소리에 비해, 뇌 속에서 만들어진 목소리는 매우 선명하기 때문에 외부의 소리보다 더 크고 깨끗하게 들린다.

환자가 초점이 맞지 않는 방향을 보고 환청을 듣고 있을 때 말을 걸면 시끄럽다고 크게 화를 내는 경우가 있다. 환청의 구조를 모르면 이 환자가 갑자기 화를 냈다고 생각하거나 흥분한 것은 아닌지 오해하게 된다. 하지만 뇌 속에서 크고 선명한 목소리가 만들어진 상태이기에 외부에서 말을 걸면 시끄럽다고 느끼는 것은 당연한 일이다.

가상과 현실의 괴리를 어떻게 메울 것인가?

일반적인 감각으로는 불가능한 일이 뇌 속에서 만들어지는 것이므로 어떻게 보면 매우 특이한 깨달음이라고 할 수 있다. 다만, 스스로 조절할 수 있는 범위를 넘어선 것이므로 이 단계에 이르면 일상생활에 지장이 생긴다.

예전에는 조현병 환자를 치료할 때 환청이나 망상에 대해 말하게 하는 것이 금기였다. 환자가 알 수 없는 세계 속에 있는 시간을 최대한 줄이자는 논리가 주를 이루었다.

하지만 요즘은 환청이나 망상에 대해 어떻게 느꼈는지를 일부러 말로 하게끔 한다. 이 방법으로 양성증상이 개선된 사례가 보고되면서 보다 새로운 접근 방식이 시도되고 있다.

뇌 구조에 비추어 생각해 보면 이런 것이다. 이전에는 디폴트 모드 네트워크의 과잉 작동은 '이상'으로 여겨져 약물 요법으로 그 작용을 차단했다. 하지만 최근에는 디폴트 모드 네트워크의 작용을 통해 환자의 뇌 속에서 얻은 가상 현실과 현실 감각과의 괴리를 메워 나가는 작업을 치료의 한 과정으로 실시하게 되었다.

POINT !
디폴트 모드 네트워크의 과잉 작동에 주의하자.

'멍 때리기'의 힘은
충분한 수면에 있다

디폴트 모드 네트워크는 우리가 자는 동안 가장 크게 활약한다. 수면은 뇌내 네트워크의 균형을 지키는 데 있어 중요한 작업이다.

최근에는 수면이 뇌의 기억이나 학습에 관여한다는 의견이 많이 제기되었다. 학술 논문에서도 'sleep, learning'으로 검색하면 5천 건 이상이 나온다.

뇌 속에서 기억을 관장하는 가장 중요한 부위가 바로 해마인데, 주된 역할은 단기 기억이다. 일단 저장된 단기 기억은 요소별로 분해되어 대뇌 피질에 저장된다. 해마가

USB라면 대뇌 피질은 서버와 같다.

잠을 줄이면 '멍 때리기'의 힘은 약해진다

해마와 디폴트 모드 네트워크의 신경 활동 간의 관계를 조사한 연구가 있다.

우리가 깨어 있는 동안 뇌 속의 해마와 디폴트 모드 네트워크는 강력하게 연결되어 있다. 낮 동안 외운 내용들은 확실한 기억을 위해 대뇌로 계속해서 전달된다. 그렇다면, 수면 중의 뇌는 어떨까?

수면은 깊이에 따라 4단계로 나누어진다. 우리가 뒤척이거나 몸을 긁는 상태는 2단계이다. 2단계의 뇌파에서는 방추파라고 하는 실패 모양을 관찰할 수 있다. 이 방추파가 나올 때 해마와 디폴트 모드 네트워크의 연결은 깨어 있을 때보다 더 강력하다는 것이 밝혀졌다. 예로부터 방추파가 기억과 관련이 있다는 주장은 있었지만, 뇌파와 뇌의 사진을 찍음으로써 비로소 증명된 것이다.

이상하게 들릴 수도 있지만 수면 중에도 '멍 때리고' 있을 때가 있는데, 이때 뇌는 내향 정보를 정리하고 있다.

낮 동안에 일을 하면 뇌 활동은 실행 네트워크에 편중

된다. 뇌는 이 상태에 맞추어 수면을 설계하므로 그날의 수면에 필요한 만큼만 방추파가 나타나 균형을 이룬다.

이때, 수면 시간을 줄여 계속 일하게 되면 실행 네트워크에 비해 준비할 수 있는 방추파가 줄어든다. 뇌가 자동으로 조정할 수 있는 범위를 넘어 균형이 무너진다. 그렇게 되면 낮 동안에도 정보를 정리하려고 하기 때문에 정작 집중해야 할 때 멍 때리는 경우가 생기고 만다.

POINT !
{ *잠을 충분히 자는 것이 '멍 때리기'의 힘을 강화한다.* }

'좋은 멍 때리기'와 '나쁜 멍 때리기'

대화 도중 상대방의 얼굴을 보고 있다가 갑자기 다른 생각이 떠올라 "죄송합니다. 못 들었어요"라고 말한 경험, 혹은 필요한 물건을 가지러 가는 동안 다른 생각을 하다가 "어? 내가 뭐 하러 왔더라?"했던 경험, 다들 한 번쯤은 있을 것이다.

뇌내 네트워크 균형이 무너지면 집중해야 할 순간에 멍 때리는 경우가 발생한다. 우리가 '집중이 안 된다', '일에 진척이 없다'고 느끼는 것은 뇌에 적절한 멍 때리기 시간을 주지 않고 실행 네트워크만을 혹사시켰기 때문이다. 그

반동으로 인해 부적절한 순간에 멍 때리는 경우가 생기는 것이다. 이것이 인간요인오류의 원인이다.

일상 속에서 "어?"하고 잠깐 의아해하고 마는 정도의 사소한 오류는 그나마 낫다. 순간의 실수로 큰 액수의 손실이 나기도 하고 사람이 다치거나 심지어 목숨을 잃게 되는 사고로 이어지는 경우도 있다. 이처럼 확실한 일 처리를 위해서라도 집중과 멍 때리기의 균형은 평소에 관리해야 한다.

그동안 여러 현장에서 사고 방지에 관한 연수를 해 오며 다양한 사례를 접했다. 예를 들어, 영업 차량 사고를 일으킨 사람의 말을 들어 보면 '졸지는 않았다. 그냥 딴생각을 하다가 부딪치는 소리가 나서 정신이 들었다'는 식으로 말하는 경우가 많다.

이 '딴생각을 했다'는 부분이 바로 디폴트 모드 네트워크가 잘못된 작동 방식을 일으킨 순간이다. 딱히 의도하지도 않았는데 갑자기 떠오른 잡생각의 나쁜 예에 해당된다.

어쨌든 우리 뇌는 멍 때릴 수밖에 없다

만약 당신이 한계에 달할 때까지 일하는 유형이라면 사

고방식을 뇌 구조에 맞게 조금 바꿔 보자. 뇌의 실행 네트워크만을 계속해서 사용하는 것은 불가능하다. 아이디어를 생각해 내고 일의 성과를 높이기 위해서는 전략적으로 적절한 타이밍에 '좋은 멍 때리기'를 해야 한다.

우리 뇌는 결코 텅 비는 일이 없다. 우리의 생각이나 감정, 이른바 '마음'은 항상 무언가로 가득 차 있다. 일할 때도, 휴식 중에도 불쑥불쑥 찾아오는 멍한 순간을 피할 수 없다.

그러므로 부적절한 순간에 찾아오는 나쁜 멍 때리기를 줄이려면 먼저 선수를 쳐서 좋은 멍 때리기를 의도적으로 만들어 나가야 한다.

POINT !

뇌의 구조에 맞춰 의도적으로 '좋은 멍 때리기'를 하자.

좋은 멍 때리기를 만드는 열쇠는 '타이밍'

 나쁜 타이밍에 멍한 순간이 찾아오면 우리는 계속해서 부정적인 생각을 하게 된다. 아이디어가 막혔을 때 포기하지 않고 계속해서 생각을 이어 나갔기 때문이다.

 일을 하면서 어떤 문제에 대처할 때는 실행 네트워크가 이용된다. 실행 네트워크의 사고 회로는 '이렇게 되고 싶다'는 바람직한 결과와 '지금의 상황은 이렇다'라는 현상의 괴리에 주목한다.

 위기관리와 같은 일에서는 이 과정을 통해 좋은 답을 도출할 수 있다. 문제를 분석하고 그 원인에 대처하려는 사고방식이기 때문이다.

하지만 아이디어 창출의 경우에는 이 방법이 적합하지 않다. 이상과 현실의 괴리가 명확해져도 그것을 메우는 방법을 찾아낼 수 없기 때문이다.

감정이 생기기 전에 시작할 것

그래도 포기하지 않고 계속 생각을 이어 가다 보면 실행 네트워크는 현실과 이상 사이에 괴리가 생긴 원인을 찾기 시작한다. '왜 잘 안 됐을까? 도대체 뭐가 문제일까?'하고 불안감에 점점 휩싸이게 된다.

무엇이 문제였는지를 생각하면 과거에 비슷하게 겪었던 나쁜 기억을 떠올리면서 계속해서 원인 탐색을 하게 된다. 그 결과, 집중력이 떨어져 실행 네트워크가 지속되지 못하고 디폴트 모드 네트워크로 전환되면서 더욱 빠른 속도로 과거의 기억을 탐색하게 된다.

이렇게 되면 뇌 속에서는 과거의 안 좋았던 일만 검색되어 '왜 나는 항상 잘 안 되는 것일까'와 같은 기분만 들고 계속해서 이를 되새기게 된다. 문제 해결은커녕 의욕마저 잃어버리고 만다.

'왜 잘 안 됐을까'와 같은 감정이 생긴 뒤에 멍 때리기를 시작하면 나쁜 멍 때리기가 된다. 앞에서도 말했지만 아이디어를 떠올리는 과정에서 감정은 방해가 된다. 즉, 감정이 생기기 전에 멍 때리기를 시작해야 한다.

정동의 타이밍을 놓치지 말 것

감정이 생긴 뒤, 안 좋은 타이밍에 디폴트 모드 네트워크가 작동하는 예로 강박신경증을 들 수 있다.

실제 손은 더럽지 않은데 '손이 더럽다'고 느껴 계속해서 손을 씻게 되는 '불결 공포'라는 현상이 있다. '손이 더럽다'는 가상 현실이 현실 감각을 압도한 것이다. 본인은 '손이 더럽다'고 말하지만 그것은 타인이 확인할 수 없는 '감정'이다.

감정은 그 존재를 확인할 수 없다. '초조하다', '긴장했다'고 하더라도 실제로 초조했는지, 긴장했는지는 제3자가 확인할 수 없다. 감정은 '땀을 흘렸다', '심장이 두근두근했다'와 같이 몸의 변화가 있을 때만 확인할 수 있다. 이를 '정동'이라고 한다.

당신은 불안감을 느낄 때 무엇을 근거로 불안하다고 느

끼는가? 그냥 그런 기분이 들어서 느낀다고 생각할 수도 있지만, 인간은 불안을 느끼기 전에 '불안한 호흡'을 하고 있는 자신을 발견한다.

호흡이 얕아지는 현상이 정동인데, 이 시점에서는 아직 불안감을 느끼지 않는다. 호흡이 얕아진 것을 알아챘을 때 비로소 불안이라는 감정이 생겨나는 것이다.

정동은 감정의 근원이고, 정동의 타이밍, 즉 몸의 변화를 느낀 때에 멍 때리는 것이 가장 이상적이다. 호흡이 얕아지거나 심장 박동이 빨라지고, 땀이 나며 눈이 마르고 귀가 막히는 등 몸이 보내는 신호를 참고해서 멍 때리기를 시작할 나름의 신호를 정해 두면 좋다.

POINT !

몸의 변화를 느낀 순간, 생각을 멈추고 멍 때리자.

'나'와 '사고' 사이에 거리를 두자

 정동이 일어난 타이밍에 멍 때렸을 때 불안 등의 감정이 진정되는 이유는 무엇일까? 정동이 일어났을 때, 나와 생각 사이에는 거리가 있기 때문이다.

 좋은 멍 때리기는 머릿속에 떠오르는 생각을 흘러왔다 흘러가는 일과성의 정보로 인식한다. 강물의 흐름에 생각을 비유하자면 생각과 함께 흘러가는 것이 아니라 강변에서 생각의 흐름을 관찰하고 있는 것이다.

 '자신을 외부에서 관찰하고 별개의 존재로 취급하는' 메타 인지가 깨달음에는 필수다. (메타 인지에 대해서는 다음 장에서 자세히 다룰 것이다.)

디폴트 모드로의 전환은 신속하게

앞서 언급했던 강박신경증의 치료를 위해 요가나 도예를 이용하는 경우가 있다. 일부러 손을 더럽히는 작업임에도 환자들은 집중할 수 있다. 작업을 끝낸 뒤에 손을 과도하게 자주 씻지 않고 지내는 경우도 있다.

손이 더러워질 걱정이 생기기 전에 작업을 시작하면 손의 감각이나 작업 중 몸의 변화와 같은 정동이 일어난다. 그 결과 작업 중간중간 멍 때리게 되고, 감정이 생기기 전에 디폴트 모드 네트워크가 작동하게 된다.

이때, 강박신경증 환자의 증상이 나아지는 이유는 불안한 감정의 소용돌이를 무리하게 억누르는 것이 아니라 불안감과 거리를 두었기 때문이다. 아이디어가 떠오르지 않을 때도 이를 적용시켜 보자.

아이디어가 떠오르지 않을 때 계속 생각을 이어 나가면 디폴트 모드로 전환할 타이밍이 늦어져 '아이디어가 떠오르지 않는다', '시간이 없다'는 등의 감정만 생긴다. 이 타이밍에 멍 때리는 것은 같은 생각을 계속 되새김질하는 것에 불과하며 일은 조금도 진척되지 않는다.

그러므로 생각이 막다른 길에 부딪히기 전에 재빨리 자리를 떠 밖을 산책해 보자. 발을 내디뎌 땅을 차 내는 감각이나 바람이 몸을 스치는 감각 등 그 순간 몸의 변화를 시작으로 디폴트 모드 네트워크를 작동시키자.

생각이 멈추기 전에 멍 때리면 떠오른 생각에 대해 일정한 거리를 두게 된다. 그 생각에 대해 '그렇게도 생각할 수 있구나' 혹은 '그것은 전에 내가 생각했던 것과 비슷하군'과 같은 느낌으로 받아들이게 된다. 자신의 생각임에도 마치 남 일 같은 감상을 갖게 된다.

자기 자신과 생각 사이에 거리가 생기면 하나의 생각에 집착하지 않게 되고, 흘러가는 생각 속에서 필요한 것만을 골라낼 수 있다. 이것이 좋은 멍 때리기의 효과이다.

POINT !

자신의 생각을 남 일처럼 느끼는 모습이 이상적이다.

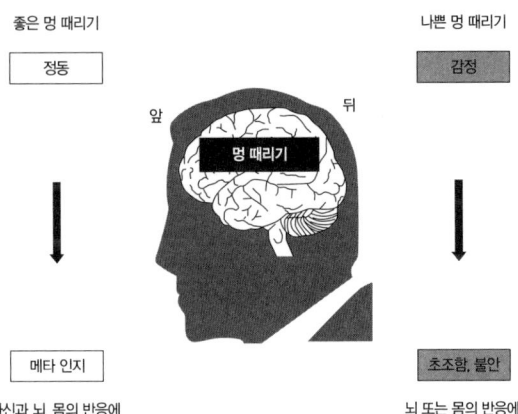

좋은 멍 때리기와 나쁜 멍 때리기

'멍 때리기 사고'에는 최종 목표가 없다

　디폴트 모드 네트워크는 기억을 정리하고 지금부터 일어날 일에 대비한다. 이 준비는 신경 단계에서 일어나는데, 이때 우리가 나서서 '좋아, 좋은 아이디어를 생각해 내겠어!' 등의 의욕이 앞선 상태로 임하면 실행 네트워크를 작동시키게 된다. 뇌 속에서 사용할 수 있는 자원을 실행 네트워크에 빼앗기면 디폴트 모드 네트워크의 활동은 저하될 수밖에 없다.

　뇌를 자연스럽게 멍 때리게 하려면 그로부터 나오는 결과물을 기대하지 말고, 냉정한 자세로 임하는 것이 중요하다. 의욕만 앞선 상태로 나서게 되면 신경 단계에서의 준비가 방해를 받는다. 딱히 생각하려 하지 않았지만 생각하게 되는 '멍 때리기'가 필요한 것이다.

당신이 할 일은 뇌를 자유롭게 내버려 두는 것뿐이다

멍 때리기를 활용할 때는 목표를 설정하면 안 된다. 이때, 당신이 할 일은 좋은 타이밍에 뇌가 멍 때릴 수 있도록 시간을 주는 것뿐이다.

멍 때리고 있을 때는 언뜻 무의미해 보이는 일이나 건설적이지 못한 생각이 떠오른다. 이러한 두서없는 생각이 깨달음의 전 단계이다. 아이디어를 떠올리기 전에는 목표 없는 사고가 필요함을 알아 두자.

떠오른 생각에 억지로 방향성을 만들거나 '왜 이런 것을 생각하는 거지?'와 같이 집착하지 말고, 떠오른 그대로, 흘러가는 대로 그냥 관찰해 보자. 뇌가 마음대로 하게 내버려 두는 것이다. 이런 자세가 좋은 멍 때리기를 만든다.

떠오르는 생각에 대해 '이것은 무의미하다', '상관없는 생각이다'라고 부정하거나 판단하면 뇌는 실행 네트워크를 사용하게 되고, 당신의 생각은 강물과 함께 흘러가고 만다. 그러니 떠오르는 생각을 모든 판단이나 가치관으로부터 해방시키고 자유롭게 내버려 두자.

다른 사람이 나를 어떻게 생각할지 신경 쓰는 자세가 아이디어에 방해가 될 때도 있다. '뭔가 재미있는 이야기를 해 줘야지', '머리가 좋다는 것을 보여 주어야지' 등 이런 생각이 들면 떠오른 생각과 거리를 두지 못한 채, 자기 뇌의 작용을 부정하고 타인에게 어필하려고 생각을 날조하게 된다.

어필하는 데 필요한 기억을 꺼내 오면, 이후에는 어필을 목적으로 한 단어를 접근 코드로 삼아 매번 비슷한 말만 하게 된다. 이처럼 타인을 의식하는 사고를 계속하면 시야가 좁아지고 작은 일에만 집착하게 된다. 결국, 자신이나 타인을 부정하는 것 외에는 다른 사고를 할 수 없게 된다.

뇌를 자유롭게 풀어 주면서 떠오르는 생각은 부정하지 말고 받아들이는 자세를 가져 보자. 넓은 시야를 유지하고 새로운 정보를 받아들일 수 있는 뇌를 만들어 가자.

POINT !

{ *불필요한 노력은 자제하고 사고의 모든 것을 뇌에 맡겨 보자.* }

90분마다 하던 일을 멈추고 멍 때리기

여기서부터는 좋은 멍 때리기를 위한 구체적인 방법을 보도록 하자. 법칙② '멍 때리기'의 실천 방법이다.

좋은 멍 때리기를 위해서는 타이밍이 중요하다고 앞서 말했다. 좋은 타이밍에 멍 때리기 위해서는 생체 리듬을 활용하는 방법이 있다.

우리의 뇌와 몸은 일정한 리듬을 따라 작동한다. 하루 동안의 리듬이 서캐디안 리듬인데 24시간보다 주기가 빠른 리듬도, 느린 리듬도 존재한다. 20시간보다 빠른(짧은) 리듬을 울트라디안 리듬, 28시간보다 느린(긴) 리듬을 인프라디안 리듬이라고 한다.

울트라디안 리듬 중에서 우리가 일상적으로 가장 많이 경험하는 것이 90분 리듬이다. 대학교나 전문학교의 수업 시간은 보통 90분이다. 약간 배가 고파지고, 목이 마르고, 담배를 피우고 싶어지는 것도 90분마다 나타나는 현상으로 알려져 있다. 90분은 인간의 지적 작업을 유지할 수 있는 한계치이며, 깨달음 또한 90분마다 생겨나기 쉽다.

일이 순조롭게 진행되고 있어도 일단 멈춘다

일반적으로 업무를 할 때 오전과 오후, 각각 4시간씩 일하는 경우가 많다. 이 4시간 사이에 점심시간이 한 번 있지만, 대부분의 경우 쉬는 시간이 될 때까지는 쉬지 않고 일한다.

퇴근 후에는 집중 상태에서 해방되지만, 이 경우 걱정이나 고민이 정보를 정리해 주는 타이밍이 늦어지며, 그 결과 한창 집중해야 할 때 나쁜 멍 때리기가 시작된다.

고민 중의 멍 때리기는 결코 뇌의 휴식 시간이 아니다. 내향 네트워크로 전환해서 필요한 정리 작업을 하는 상태이다. 그러니 일의 성과를 올리기 위한 필요 행위로 여기는 것이 바람직하다.

일을 시작하고 90분이 지나면 작업하던 손을 의도적으로 멈추고 멍을 때리도록 하자. 일이 순조롭게 척척 진행되고 있더라도, 한창 작업하던 중이라 끊기가 애매하더라도 일단은 멈춘다. 생체 리듬은 기분과 상관없는 객관적인 시스템이기에 이를 잘 활용하기 위해서는 객관적으로 관리하는 것이 중요하다.

한꺼번에 일을 마무리하는 습관이 있는 사람은 중간에 일을 멈추기가 쉽지 않을 수 있다. 하지만 생각이 진척되지 않아 나쁜 멍 때리기가 시작되는 것은 막을 수 없으므로 좋은 멍 때리기 시간을 일부러라도 만들도록 하자.

POINT !

회사 생활의 시간표도 90분마다 쉬어 가자.

좋은 멍 때리기를 위한 방법 1.
초점 맞추지 않기

여기서부터는 감각을 활용해서 좋은 멍 때리기를 만드는 방법을 보도록 하자. 우선 눈의 사용법을 바꿔서 멍 때리기를 해 보자.

지금 눈에 보이는 어떤 것에도 초점을 맞추지 않도록 해 보자. 아마 시야가 흐릿해지는 느낌이 들 것이다. 눈에 보이는 사물들이 모두 균등하게 배분되어 뇌로 들어올 것이다.

이 상태를 남이 보면 마치 먼 곳을 보는 듯한 표정일 것이다. 종종 이해의 한계치를 넘어 두뇌 회전이 멈춰 버렸을 때, 그런 사람을 두고 '먼 산만 본다'라고 표현하는데 이것이 바로 그 상태이다.

일상생활에서는 시각을 자극하는 광고가 많기 때문에 저절로 그쪽에 초점이 맞추어진다. 광고를 만드는 입장에서는 눈길을 끌기 위해 상대의 시각적 초점을 얻으려 하지만, 깨달음을 위해서는 이를 잘 피해야 한다.

시험 삼아 1분 동안 어디에도 초점을 맞추지 않도록 해보자. 의도적으로 초점을 흐리게 하려면 1분이 꽤 길게 느껴질 것이다.

기억과 관련이 있는 안구의 움직임 '단속운동'

어떤가? 아무것도 생각할 수 없는 상태가 되었는가?

눈에 초점을 맞추지 않으면 사고가 멈춰 두뇌가 작동하지 않는다. 이것이 바로 의도적으로 멍 때리는 상태이다. 이때, 뇌에서는 디폴트 모드 네트워크가 사용되고 있다.

사실, 눈의 움직임은 뇌의 움직임 중에서도 기억의 기능과 깊은 관련이 있다. 눈으로 무언가를 포착한 순간, 안구는 그 물체의 윤곽을 점과 선으로 잇듯이 재빨리 움직인다. 이때, 안구의 재빠른 움직임을 '단속운동'이라고 한다.

단속운동은 물체를 시각적으로 받아들이는 기능뿐만 아니라 기억의 기능과도 관련이 있다.

예를 들어, 상대방의 얼굴을 보면서 대화하는 도중 시선을 다른 곳으로 옮기는 것이 그렇다. 단속운동으로 인해 시선이 이동하면 뇌에서는 지금까지 보고 있던 것에 대한 기억이 일단 소거된다. 단속운동 이후의 기억을 소거함으로써 다음 사고로 넘어갈 수 있다.

뇌는 눈의 움직임을 활용해서 실행 네트워크로 주의를 기울일 대상을 전환하고, 그 대상으로부터 얻는 기억도 전환하는 것이다.

단속운동의 기능을 제한한다

앞에서 예로 든 조현병 환자는 이런 단속운동의 작용이 충분하지 않은 것으로 밝혀졌다. 디폴트 모드 네트워크의 과잉 작동으로 가상 현실이 강력해진 상태에서는 실행 네트워크를 효율적으로 사용할 수 없게 되는 것이다.

의도적으로 멍 때리기 위해서는 이 단속운동의 기능을 사용하지 않도록 제한해야 한다. 눈의 초점을 흐리는 것이 처음에는 쉽지 않을 수 있지만, 계속해 보면 서서히 머리가 맑아지는 느낌이 들 것이다.

머리가 맑아지는 느낌을 받았다면 내향 네트워크가 머릿속의 정보 정리 작업을 완료했다는 것이다.

POINT !
먼저 '아무 데도 초점을 맞추지 않는 것'에 익숙해지자.

좋은 멍 때리기를 위한 방법 2.
예측 가능한 소리만 듣기

 이번에는 귀의 사용법을 바꿔서 멍 때리도록 해 보자. 잘 아는 음악을 반복해서 재생해 보자. 익숙한 소리를 반복적으로 들으면 그 소리에 대한 뇌의 주의력은 점점 떨어진다. 실행 네트워크의 활동이 저하되면서 디폴트 모드 네트워크가 활동하기 시작한다.

 불경이나 목탁 소리를 떠올려 보자. 단조로운 박자가 계속되면 외부에 대한 주의력이 서서히 사라지고, 뇌의 내부로 주의가 집중되면서 점점 더 멍해지는 느낌을 받게 된다.

지나치게 단조로운 소리나 정체불명의 이해할 수 없는 소리를 계속 듣다 보면 외향 네트워크의 활동이 저하되는데, 이것은 앞에서 언급한 집중력의 역U자 곡선과 관련이 있다.

멍 때리고 싶을 때는 카페에 가자

일상생활에서 불경이나 목탁 소리를 듣기가 쉽지 않다면 비슷한 경우가 또 있다. 직상 상사가 같은 말을 여러 차례 반복해서 하거나 수다스러운 친구가 전혀 모르는 분야의 지식을 말할 때 우리 뇌는 멍 때리게 된다. 말에 집중할 수 없으니 머릿속으로 주의가 점점 더 집중되면서 대화와는 상관없는 생각이 떠오르기 시작한다.

좋은 멍 때리기를 의도적으로 만들기 위해서는 자주 듣던 음악을 반복해서 듣거나 카페처럼 웅성거리는 장소에 가 보는 것이 좋다.

앞에서는 아이디어가 떠오르지 않고 생각이 막혔을 때, 카페로 가서 어딘가에 집중해 생각해 내려는 것을 두고 NG 행동이라고 했다. 하지만 멍 때리고 싶을 때는 반대로 이 환경이 적당하다.

단, 텔레비전 소리나 실내 방송 등 주의를 끄는 소리가 있으면 멍 때리기에 방해가 되므로 주의하자.

POINT !

{ 내부로 주의를 집중시킬 수 있는 소리를 들으며 멍 때리자. }

좋은 멍 때리기를 위한 방법 3.
엉덩이에 힘주고 걷기

일이 잘 풀리지 않을 때, 사무실을 떠나 밖으로 나가거나 현장을 정처 없이 걷다가 생각이 정리된 경험은 누구에게나 있을 것이다. 걷는 것은 매우 간단하면서도 효율적으로 멍 때리게 한다.

산책하듯 걸으며 멍 때릴 때는 눈에 비치는 풍경을 딱히 보려는 생각 없이 그냥 보게 된다. 걸으면서 내향 네트워크를 작동시키려면 몸의 내부로 주의를 집중시켜야 하는데, 그 방법의 일환으로 항문에 힘을 주고 걸어 보자.

항문에 힘을 주면 자연스레 자세가 좋아진다. 몸의 중

심축이 고정되므로 어깨나 목, 손발에 불필요한 힘이 빠진다.

힘이 풀렸다면 다시 힘을 준다

몸에 불필요한 힘이 들어가 있을 때는 자율 신경 중에서 흥분할 때 작용하는 교감 신경이 강하게 활동한다. 바깥의 적을 감시하듯 자기 주변을 둘러보게 되므로 멍 때리기가 불가능하다.

이때, 항문에 힘을 주고 몸의 축을 안정시키면 자연스럽게 손발을 흔들 수 있고 걸음걸이가 단정해진다. 이것을 의식하는 것이다.

항문에 힘을 주고 있다가도 어느새 힘이 풀리기도 한다. 실행 네트워크의 활동을 저하시키려면 우리 몸에 계속 주의를 집중시켜야 하므로 힘이 빠졌다면 다시 힘을 꽉 주도록 하자.

POINT !
몸의 축을 안정시켜 자연스러운 걸음걸이를 만들자.

좋은 멍 때리기를 위한 방법 4.
꼭꼭 씹어 먹기

 식사 중에 멍 때리다가 뜬금없는 생각이 떠오른 경험, 다들 한 번쯤은 있을 것이다. 음식을 씹는 행위도 걷기와 마찬가지로 멍 때리기에 활용할 수 있다.

 씹는 행위 역시 템포 있는 운동이다. 껌을 씹으면 세로토닌 분비가 촉진되어 마음이 차분해지는 것으로 알려져 있다. 리듬감 있게 규칙적인 운동을 할 때 우리 뇌에서는 세로토닌이 분비된다.

 세로토닌의 수용체는 뇌 속에 넓게 분포해 있다. 세로토닌의 역할 중 하나가 갑작스러운 사건에 놀라지 않도록 뇌를 부드럽게 각성시켜 두는 것인데, 멍 때리기에 가까운 상태를 유지해 주기도 하므로 디폴트 모드 네트워크의 작용과도 관계가 있으리라 추측된다.

하루 세 끼를 먹는 경우 멍 때릴 수 있는 기회가 3번 있는 셈인데, 이 좋은 기회를 눈 뜨고도 놓치는 경우가 많다. 텔레비전을 틀어 두거나 식탁에 스마트폰을 두고 식사를 하는 등 모처럼 씹는 행위를 하면서도 실행 네트워크를 사용하고 만다.

세 끼 중에 한 끼만이라도 괜찮으니 정보 매체를 멀리한 채 식사할 수 있는 환경을 만들어 보자.

젓가락이나 숟가락으로 한 번에 뜨는 양을 적게

일이 바쁠 때는 음식을 빨리 먹게 되는데, 밥을 마시듯이 먹으면 씹는 행위를 제대로 활용할 수 없다.

사실, 빨리 먹는 습관은 바빠서 생긴 것으로 생각하기 쉽지만 빨리 먹는 사람은 시간적 여유가 있을 때도 빨리 먹는다. 젓가락이나 숟가락으로 한 번에 뜨는 음식의 양이 많기 때문이다.

식사 시 손의 움직임은 근육의 감각이나 눈으로 본 기

억으로 뇌 속에 저장된다. 평소에도 크게 떠서 한입에 넣는 사람은 그 손의 움직임을 뇌가 기억하고 있기 때문에, 시간적 여유가 있어도 같은 방식으로 먹게 된다. 천천히 씹으라고 말해 주어도 교정이 어렵다.

그러므로 한 번에 뜨는 음식의 양을 줄여 보자. 젓가락이나 숟가락으로 적게 뜨는 연습을 해 보자. 그러면 뇌는 그 방법을 기억한다. 음식을 적게 뜨면 씹는 총 횟수를 자연스레 늘릴 수 있다. 음식을 더 자주 입으로 옮겨 더 많이 씹을 때, 뇌는 좋은 멍 때리기를 시작할 수 있다.

POINT !

{ 음식은 여러 번 씹어서 먹고, 한 번에 적은 양을 뜨도록 하자. }

좋은 멍 때리기를 위한 방법 5.
화장실에 시간 들이기

 목욕 중에 멍 때리다가 아이디어를 떠올린 경험도 있을 것이다. 목욕, 양치, 세안, 용변 등 화장실에서 일을 보다가 아이디어를 떠올릴 때가 있는데 역시 디폴트 모드 네트워크의 작용과 관계가 있다.

 내향 네트워크가 작동하려면 몸의 내부에 의식이 향해 있어야 하는데, 화장실에 있을 때는 내장이 활동한다. 즉, 내장이 주체가 되는 활동이므로 자연스레 몸의 내부로 주의가 향하게 된다. 화장실에 있을 때만큼은 있는 그대로 몸 상태를 느끼게 된다.

여기서도 역시 실행 네트워크를 사용해서 멍 때리기를 방해하지 않도록 주의하자. 내장 활동을 하는 도중에 텔레비전을 보거나 책을 읽는 등의 행위를 하면 멍 때리기에 방해가 된다.

화장실에서 할 일을 우선적으로 할 것

바빠서 화장실에 갈 여유가 없으면 요의를 잊어버리기도 한다. 이것은 외향 네트워크가 지나치게 많이 사용되어 내장 활동에 대한 의식을 빼앗겼기 때문이다.

사실, 몸에 주의를 기울인다는 것은 바쁜 생활 속에서 꽤 어려운 일이다. 내장 활동은 강제로라도 몸에 주의를 기울일 수 있는 귀중한 기회이다. 이 기회를 효과적으로 활용할 수 있도록 화장실에서 하는 일의 우선순위를 더 높게 설정해 두자.

더 좋은 멍 때리기를 촉진하기 위해서는 목욕이나 양치, 세안에 시간을 들이는 것도 좋다.

예를 들어, 욕실 조명을 끄고 바깥의 조명만으로 목욕을 하면 불필요한 시각적 정보를 줄일 수 있기 때문에 양질의 멍 때리기가 가능해진다.

집중해서 일하고 퇴근한 날은 평소보다 목욕 시간을 길게 잡고, 세안이나 양치 등은 시간을 들여 정성스레 하는 습관을 들여 보자. 그러면 낮 동안의 일이 멍 때리기 덕분에 더욱 좋은 결실을 맺게 될 것이다.

POINT !

화장실에서 하는 일에 더 많은 시간과 노력을 들이자.

좋은 멍 때리기를 위한 방법 6.
잠들기 시작할 때 가볍게 졸기

가장 양질의 멍 때리기는 자는 동안에 일어난다고 앞서 말했다. 이 멍 때리기는 수면의 2단계에 해당되는데, 잠들기 시작해서 서서히 의식을 잃을 때쯤 처음 찾아온다. 하지만 2단계가 생략되는 경우도 있다.

'베개에 머리만 대면 순식간에 잠들 수 있다.'

흔히 이런 말을 자주 듣는다. 잠드는 데 전혀 어려움이 없고 침대에 누우면 바로 잠들 수 있다는 것이다. 하지만 알고 보면 이것은 그다지 좋은 현상이 아니다.

인간은 대뇌가 지나치게 크게 발달한 동물이다. 대뇌 아래에 위치한 뇌간이 수면을 시작하도록 명령을 내리면 다른 동물은 빠르게 잠들지만, 인간의 대뇌는 수면 모드에 돌입하는 데 시간이 걸린다. 대뇌가 진정되어 수면에 돌입하기까지는 약 10분 정도가 걸린다.

너무 빨리 잠드는 것도 좋지 않다?

일반적으로 깨어 있을 때는 베타파(14Hz 이상)라는 뇌파가 발생하고 눈을 감으면 알파파(8~13Hz)가 출현한다. 이때는 반쯤 깨어 있고 반쯤 잠든 상태이다.

그대로 눈을 감고 있으면 서서히 몽롱해지면서 세타파(4~7Hz)가 나타나고, 때때로 방추파(12~16Hz)가 나타난다. 이 상태가 바로 양질의 멍 때리기 상태인데, 만성적으로 잠이 부족하면 잠들기 초반의 몽롱한 단계 없이 곧바로 깊은 수면에 돌입하게 된다.

수면 부족이란 항상 뇌가 깨어 있는 단계가 낮고, 졸린데 자극을 주어서 무리하게 깨운 상태이다. 예를 들면, 회의 중 자신이 말할 때는 전혀 졸리지 않았는데 다른 사람이 말하기 시작하면 금세 의식이 멀어진다거나, 텔레비전을 끄면 급격하게 잠이 쏟아지는 것이 그렇다. 이 상태에서는 막 잠드는 순간의 소중한 멍 때리기가 생략되고 만다.

누적 수면량의 축적이 가벼운 졸음을 만든다.

잠드는 속도가 지나치게 빠른 사람은 누적 수면량을 늘려 보자. 하루에 몇 시간을 자느냐가 아니라 1주일이나 1달 동안의 전체 수면량이 중요하다.

하루 15분 빨리 자기를 1달 동안 계속하면 누적 수면량을 7.5시간이나 늘릴 수 있다. 바쁘더라도 이런 식으로 수면 시간을 차곡차곡 쌓아 올려 보자.

누적 수면량이 늘어나면 잠들기 시작할 때 조금 시간이 걸리지만, 몽롱하게 졸음이 밀려와 서서히 의식이 멀어져 가는 매우 기분 좋은 체험을 할 수 있다.

잠들기 초반의 이러한 가벼운 졸음을 경험한 사람은 '잠자는 게 이렇게 기분 좋은 일이라는 것을 잊고 있었다', '아침에 일어났을 때, 고민했던 일의 해답이 쉽게 떠오르는 경우가 늘어났다'고 말한다. 평소의 수면량을 늘려 가면 양질의 멍 때리기를 확보할 수 있다.

POINT !

잠드는 데는 오히려 시간이 조금 걸리는 게 낫다.

PART
❺

'메타 인지':
깨달음은
어디에서 오는가

깨달음의 순간,
뇌는 '나'에게서 멀어진다

법칙③에서는 드디어 깨달음이 일어난다. 깨달음을 얻는 순간에는 실행 네트워크와 디폴트 모드 네트워크가 함께 작동한다.

외향 네트워크와 내향 네트워크가 함께 작용하면 정보 수집과 정리 작업이 실시간으로 숨 가쁘게 이루어진다. 이 상태를 '메타 인지'라고 하며 깨달음뿐만 아니라 목표를 달성하기 위해서 필수적인 능력이다.

이 장에서는 메타 인지의 기능을 알아보고 이 기능을 훈련하기 위해서 깨달을 때, 깨달은 이후에 해 두어야 할 것을 배워 보도록 하자.

자신의 뇌를 외부에서 보고 조작하는 메타 인지

"응? 잠깐만! 이것이 무슨 뜻이지…… 알았다!"

이는 학생들이 문제의 답을 깨닫게 될 때까지 어떤 대화가 이루어지는가를 기록한 연구에서 한 학생이 깨달음을 얻은 순간에 했던 말이다.

당신이 아이디어를 떠올렸을 때 혹은 대화하던 상대방이 어떤 것을 깨달았을 때 이런 대사를 말했거나 들은 적이 있을 것이다. 바로 이 문장에 깨달음을 얻는 순간의 뇌 작용이 숨겨져 있다.

"잠깐만!"이라는 말은 흘러가는 정보에 의식을 집중한 뒤 다음 정보로 이동하려는 순간, 방금 그 정보가 문제 해결의 마지막 열쇠였다는 것을 깨달았다는 뜻이다. 뇌 내부의 의식을 조절하기 위해 스스로에게 "잠깐만!"이라고 말하는 것이다. 마치 다른 사람에게 말을 거는 것처럼 말이다.

"이것은 무슨 뜻이지?"라는 말 역시 자기 자신에게 하는 질문이다. 머릿속에서 흘러가는 정보를 발견하고, 그 정보에 주의를 집중시켜 붙잡아 두면서 정보의 의미와 자기 생각을 맞춰 보는 것이다. 이것 역시 다른 사람을 향해 던진 대사처럼 들린다.

뇌는 깨달음의 순간에 내부 정보에 초점을 맞추고 또 다른 정보를 더해 새로운 정보를 만들어 낸다.

이 작업은 의식적이든 무의식적이든 자신의 뇌를 외부에서 바라보고 그 작용을 감시하면서 적절하게 유도하는 행위이다. 이처럼 자신의 뇌 활동을 외부의 시점에서 보고 조작하는 것이 바로 메타 인지이다.

우리 머릿속에는 또 한 명의 코치가 있다?

메타 인지는 1970년대부터 활발히 연구되어 온 개념으로 프뢰벨에 의해 명명되었다(1976년). 메타(높은 차원의) 인지란 자신의 인지 활동을 인지하고 있는 상태, 즉 생각한다는 것에 대해 생각하는 작용이다.

메타 인지는 크게 '모니터링'과 '컨트롤'이라는 두 가지 작용을 한다.

자신이 지금 무엇을 생각하고 있는지를 실시간으로 파악하고(모니터링), 그 생각이 제대로 목적지로 향하고 있는지, 탈선하지는 않았는지 판단하고 필요에 따라 수정한다 (컨트롤). 마치 내 안에 또 한 명의 코치가 있는 것과 같다.

뇌 부위 중에서는 전전두엽 피질이 관련이 있다고 추측된다. 예를 들면, 뇌가 손상을 입었을 때 자신이 잃어버린 능력을 전혀 인식할 수 없는 '병태실인증'이 나타나는 경우가 있다. 정신 질환으로는 자신과 타인의 경계가 사라지기도 한다. 이는 내측 전전두엽의 기능 저하가 원인으로 밝혀졌으며, 메타 인지 능력을 잃어버린 상태라고 할 수 있다.

메타 인지는 강화할 수 있다

메타 인지는 어떤 것을 깨달을 때만 작용하는 것이 아니다. 우리는 항상 자신을 감시하고 컨트롤하면서 목적을 이룬다.

기업의 경영자와 같이 많은 사람을 이끄는 조직의 리더는 자신의 욕구를 떠나 목표를 위해 행동해야 하므로 높은 메타 인지 능력을 갖추어야 한다.

반대로 욕구를 이기지 못해 목적을 이루지 못하는 사람은 메타 인지를 단련할 것을 추천한다. 설정한 목표를 달성하고 자기다운 삶을 살기 위해서는 뇌 속의 또 다른 내가 열쇠가 된다.

POINT !
{ *깨달음은 메타 인지가 작용할 때 찾아온다.* }

―
찾아오는 깨달음,
찾아가는 깨달음
―

 어느 날 갑자기 문제의 해결책이 하늘에서 뚝 떨어지듯 자신을 찾아온 경험이 있는가?

 우리가 깨달음을 얻을 때까지, 뇌 속에서는 정보에 초점을 맞추고 가공하는 등의 작업이 이루어진다고 말했다. 하지만 어느 날 갑자기 아이디어를 떠올린 경험이 있는 사람은 '나는 더 쉽게 깨달았다'고 생각했을지 모른다.

 반대로 '끊임없이 생각하던 중 머릿속에 떠오른 아이디어를 하나하나 따라가다 보니 깨달음에 이르렀다'는 경험을 한 사람도 있을 것이다.

메타 인지에는 아이디어가 스스로 찾아온 것처럼 무의식적으로 깨닫는 경우도 있지만, 심사숙고 끝에 해답을 찾아내는 의도적인 경우도 있다. 어느 쪽이든 머릿속에서는 정보 정리 작업을 하고 있으므로 나름의 시간이 걸린다.

이 책에서는 보다 쉽게 깨달음을 얻는 만능의 방법으로써 무의식중에 메타 인지를 만들어 내는 방법에 주목하고자 한다.

목표는 '찾아오는 깨달음'

무의식적인 메타 인지를 얻을 수 있는 대표적인 예가 바로 대화이다. 전혀 상관없는 다른 말을 하다가 갑자기 아이디어가 떠오른 경우가 있을 것이다. 그렇다면 어떤 대화가 바람직한 것일까?

대화 도중에 일어난 메타 인지로 순식간에 행동이 개선되는 모습은 진료 현장에서 자주 볼 수 있다.

클리닉에서 외래 진료를 보다 보면 다양한 상담을 하게 된다. 뇌 작용의 문제로 일상생활에 지장이 생긴 사람, 인간관계를 계기로 몸과 마음의 균형이 무너져 버린 사람, 지금보다 더 많은 성과를 내고 싶다는 사업가나 수험생이 찾아오기도 한다.

모두 자신의 목표가 있고 그 목표를 향해 가지만, 마음처럼 되지 않을 때 상담을 하러 온다. 이런 사람들은 어떤 생각이나 행동을 고집하고 있는 탓에 앞으로 나아가지 못하고 있다.

클리닉에서는 면담을 통해 이들의 한계를 극복하려 하는데, 이때 상담자가 목표를 달성하기 위해 꼭 해야 하는 결정적인 대사가 있다. 그것은 '이것은 의미 없나?'와, '어쩐지 그렇게 하고 싶어지는 것 같더라고요'이다.

메타 인지의 신호가 되는 말 ①

A 씨는 몇 개의 기획을 동시에 진행하기 위해 어떤 상황에든 대처할 수 있도록 아침부터 여러 번 메일을 확인한다. 메일이 오면 바로 답장한다는 것이 그의 철칙이었는데, 바쁜 것에 비해 말은 그다지 진전이 없었다. 그러던 어느 날, 말할 때 혀가 꼬이고 대화 도중에 말이 잘 나오지 않게 되었다.

이때, A 씨의 뇌는 실행 네트워크를 지나치게 많이 사용한 상태였지만, 본인은 열심히 하려는 마음이 커서 일의 속도를 늦출 수 없었다. 이후 그는 면담을 통해 뇌내 네트워크와 메타 인지에 대해 알게 되면서 이런 말을 하게 되었다.

"메일이 오면 바로 답장하는 것이 매너라고 생각했는데, 의미 없는 걸까요? 그다지 급한 용건도 없고······."

열심히 하는데도 성과가 따라오지 않을 때는 보통 어떤 신념을 바탕으로 행동하고 그 행동을 고집하는 상태이다. A 씨의 경우는 '메일이 오면 바로 답장한다'는 신념이 있었다.

메일이 왔을 때 바로 답장하는 것은 비즈니스 관점에서 보면 당연한 행동이지만, 그것이 목적이 되면 주객이 전도되고 만다. 메타 인지의 구조를 이해하기까지 A 씨는 이 고집에서 오랫동안 벗어나지 못했다.

그러던 어느 날 문득 자신을 객관적으로 관찰할 수 있게 되었다. 그 증거가 '이것은 의미 없는 걸까'라는 말이다. 그는 '메일이 오면 바로 답장한다'는 생각에 자신이 얽매여 있음을 깨달았다.

'이것은 의미 없나?'라는 말은 자신을 바깥에서 바라보고, 그 행동이 목적에 맞는지 어떤지를 천천히 생각하게 된다는 신호이다.

메타 인지의 신호가 되는 말 ②

마찬가지로 '어쩐지 그렇게 하고 싶어지는 것 같더라고요'라는 말도 고집해 왔던 행동에서 한 걸음 떨어져 있다는 신호라고 할 수 있다.

예를 들면 이런 것이다. B 씨는 새로운 프로젝트의 아이디어에 대해 상담해 주고 아이디어를 추진하는 입장이다. 사원들이 아이디어를 내는 단계에서 B 씨는 고정관념을 뒤집는 유연한 발상으로 분위기를 띄우는데, 혼자서 너무 많이 떠들게 되고 프로젝트에는 전혀 진척이 없었다.

열심히 아이디어를 내 보지만 성과로 이어지지 않자 '주위 사람들은 보수적이고 의욕이 없다'며 고민하고 있었다.

사실, 직관 형의 뇌를 가진 B 씨는 아이디어를 내긴 했지만, 디폴트 모드 네트워크를 통해 정밀도를 높인 것은 아니었다. 즉흥적인 착상에 불과했다. (다음 장에서 다시 설명하겠지만, 프로젝트를 진행시키려면 상대의 뇌에 깨달음을 일으켜야 한다.)

이를 깨달은 B 씨는 면담에서 자신이 말을 너무 많이 하는 것에 대해 "역시 어떻게든 해야겠다고 생각하게 되는 것 같더라고요"라고 말했다. '하고 싶다'가 아니라 '하고 싶은 것 같다'라고 하며 마치 남 이야기를 하듯 말했다.

이 말 뒤에는 자신을 어떻게 다루어야 좋을지를 고민할 수 있고, 자신의 행동을 객관적으로 바라보고 수정하게 된다.

이후 B 씨는 아이디어가 떠올라도 상대의 반응을 보며 말을 아끼게 되었다. '회의 자리를 잘 컨트롤할 수 있게 된 것 같다'고 했다.

이렇듯 메타 인지를 이해하는 것만으로도 지금까지 해왔던 행동을 뛰어넘어 크게 발전할 수 있다. 메타 인지는 정신없이 바쁜 환경 속에서 자신을 잃지 않고 목표로 향해 가는 능력인 것이다.

POINT !
자신을 객관적으로 볼 수 있게 된 순간, 그것이 말로 나타난다.

메타 인지 능력을
높이기 위한 작업

 메타 인지는 계획을 짜고 실행하면서 그 계획을 수정하는 데 쓰인다. 앞서 말했듯 장래 계획을 짜거나 방 안의 가구 구조를 바꿀 때 이 메타 인지가 작용한다. '앞으로 되고 싶은' 나를 머릿속에 그리면서 지금의 나를 돌아보고, 그 궤도를 수정하는 작업이다.

 메타 인지 능력을 향상시키기 위해서는 연구하고 고민한 것이 결과로 나타나기 쉬운 작업을 하는 것이 가장 좋다.

 일하면서 연구한 내용이 결과로 이어지는 체험을 할 수

있다면 가장 좋겠지만, 자기 재량으로 할 수 없는 일도 많을 것이다. 그럴 때는 일 외적인 데서 자기 재량으로 결과를 낼 수 있는 작업을 해 보자. 요리, 정원 꾸미기, 골프, 캠핑, 사진 등의 취미 활동이 대표적인 예이다. 꼭 남에게 자랑할 만한 화려한 취미일 필요는 없다.

세탁이나 구두 닦기 등의 일상적인 행위도 상관없다. 물론, 제대로 하려면 평범한 수단으로는 어렵지만, 품을 들이거나 방법을 고안해 내면 반드시 결과에 반영되는 활동이라면 충분하다.

뇌내 네트워크의 균형을 수정하다

마음이 초조하거나 욕심을 내면 오히려 진행이 안 되는 작업이 있다. 이런 작업을 할 때, 우리는 뇌 속에서 계획을 짜고 그것을 향해 가면서 자신의 행동을 감시하게 된다. 이 과정을 통해 메타 인지가 단련된다.

이 작업을 생활 속에 적절히 반영하면 정신 건강을 가늠하는 기준이 된다. 작업에 집중하지 못할 때는 뇌내 네트워크의 균형이 맞지 않는 것이다.

균형을 수정하려면 우선 균형의 무너짐을 느낄 수 있어

야 한다. 그러기 위해서는 오늘 나의 컨디션을 알 수 있는 중요한 작업을 꼭 한 가지 확보해 두어야 한다.

POINT !

일, 취미, 일상적인 행위 등 매 순간 메타 인지를 단련하자.

깨달음을 얻었을 때는 한 가지에 집중하자

여기서부터는 법칙③ '나를 바깥에서 바라본다'의 실전 편이다.

번뜩이는 아이디어는 기술이다. 우연에 기대지 말고 재현할 수 있도록 해 두자. 메타 인지를 통해 아이디어를 만들어 내려면 아이디어를 붙잡아 두는 것, 다음에도 쉽게 아이디어를 얻을 수 있도록 준비해 두는 것, 이 두 가지가 중요하다.

소설가나 예술가 등 창조적인 직업군에서는 '아이디어가 떠올랐을 때 날아가지 않도록 노트가 있는 곳까지 조심

히 가서 적었다'거나, '생각이 달아나지 않게 물고 늘어진
다'는 등의 말을 하고는 한다.

메타 인지 상태에서 '이게 뭐지?' 하고 깨달음을 얻었을
때 주의하지 않으면 금세 다른 생각으로 바뀌어 지나가 버
리고 만다. 깨달음을 내 것으로 만들려면 지나가 버리는
아이디어를 붙잡는 힘이 필요하다.

4분 30초의 유예 시간을 충분히 활용하자

우리는 스스로 생각해 낸 아이디어를 얼마나 오래 유지
할 수 있을까? 뇌파 연구를 보면 하나의 생각에 집중하는
알파파를 유지할 수 있는 한계치는 256초라고 한다. 약
4분 30초 정도이다.

뇌는 항상 어떤 생각으로 가득 찬 상태이다. 아이디어가
떠올랐더라도 누가 말을 걸거나 다른 생각이 떠오르면 모
처럼 떠오른 아이디어에서 의식이 멀어져 다음 생각에 점
령당하고 만다.

집중해서 아이디어를 물고 늘어졌을 때 그것을 유지할
수 있는 유예 시간은 4분 30초 남짓이다. 짧다고 느껴지
겠지만, 막상 한 가지 생각을 계속해 보면 꽤 긴 시간임을

알 수 있다. 이 시간을 충분히 활용할 수 있도록 머릿속에 떠오른 생각을 붙잡는 연습을 해 두자.

생각할 주제를 하나 준비하고, 계속해서 그 생각에 주의를 집중시켜 보자. 중간에 다른 생각으로 넘어갈 경우 다시 원래의 생각으로 의식을 돌려놓자.

실제로 해 보면 좋은 아이디어가 나오지 않을 때는 놀라울 정도로 집중력이 떨어짐을 알 수 있다. 너무 바빠서 뇌 속의 주의력을 제어할 수 없게 되는 것이다.

먼저, 현재 자신이 한 가지 일에 몇 분 동안 집중할 수 있는지 측정해 보자. 그런 다음 마음을 차분히 가라앉히고 싶을 때나 아이디어를 짜기 전에 이 4분 30초의 트레이닝을 실행해 보자. 주의력을 유지할 수 있는 시간이 점점 늘어날 것이다.

잠들 무렵 보이는 영상을 소중히 할 것

잠들기 시작할 무렵, 꿈도 현실도 아닌 영상을 본 적이 있는가? 무섭거나 기쁜 감정을 동반하는 꿈과 달리 현실적이면서도 살짝 이상한 상황을 비추는 영상 말이다. 전문 용어로는 이를 '입면 환각'이라고 한다.

뇌는 잠을 잘 때 내부의 기억을 정리하는 작업에 집중해야 한다. 따라서 뇌는 외부의 자극을 차단하고 작업에 신속하게 착수할 수 있도록 주의를 끌 만한 영상을 만들어낸다. 이것이 입면 환각이다.

주로 시각을 통해 영상을 보는 사람이 많은데, 청각을 사용하는 사람은 아무도 없는데 사람이 있는 듯한 소리, 문을 노크하는 듯한 소리를 듣기도 한다. 또한 신체 감각인 고유 감각이 작용하는 사람은 몸이 떠오르거나 가라앉는 느낌을 받는다.

만일 당신이 입면 환각을 체험할 수 있다면 이 역시 머릿속에 떠오른 생각을 붙잡는 데 효과적인 훈련이 된다. 잠들기 시작할 때 떠오르는 입면 환각을 붙잡아 두고 계속 집중하면 뇌가 더욱 쉽게 잠들게 돼 깨달음 훈련과 숙면 효과를 동시에 볼 수 있다.

POINT !
집중력이 유지되는 4분 30초 동안 아이디어를 붙잡아 둘 것!

아이디어를 떠올리는 과정을 재현하기

 아이디어가 떠오르면 '아 다행이다'로 끝내는 것이 아니라 다시 아이디어를 얻기 쉽도록 다음 준비를 하고 마무리하도록 하자. 깨달음을 얻는 순간에 사용되는 메타 인지는 자신으로부터 한 걸음 떨어진 상태이다. 무의식 상태에서 메타 인지의 기능으로 아이디어를 떠올렸을 때, 그것을 의식화해 두면 뇌는 그 기억을 바탕으로 같은 과정을 따라가게 된다.

 그렇다면 그 과정을 어떻게 재현할 수 있을까. 방법은 간단하다. 깨달은 순간을 언어화하기만 하면 된다. 아이디어를 떠올린 순간뿐만 아니라, 그날의 풍경, 분위기부터 언어화해 보자.

예를 들면 이런 것이다. '그날은 날씨가 쾌청해서 아침부터 기분이 좋았지……'라는 식으로 하루를 어떻게 시작했고 자신의 기분이 어땠는지 말해 보자.

깨달음을 얻기까지의 공통점을 찾아보기

아이디어를 떠올리기까지의 과정을 시간 순서대로 언어화하다 보면, 어떤 공통점이 있는지 알 수 있다. '시간이 남아서 평소보다 길게 양치를 했다', '엘리베이터가 아닌 계단을 이용했다'와 같이 깨달음과 직접적으로 상관없는 일이지만, 공통된 행동을 했음을 알 수 있다. 그것을 잘 기억해 두자. 그것이 당신의 뇌가 아이디어를 얻는 계기이다. 생각에 좀처럼 진척이 없을 때, 바람직한 모습에 가까워지지 못할 때는 이 행동을 소홀히 하고 있을 것이다.

한 번 언어화해 두면 그 행동에 소홀해졌음을 깨닫고, 다시 시작함으로써 깨달음을 얻은 순간의 뇌 활동을 재현할 수 있다.

아이디어는 갑자기 찾아오지만 우리 뇌에서는 꾸준한

과정을 거쳐 만들어진다. 그렇기 때문에 그 과정을 재현할 수 있도록 언어화해 두어야 한다. 자기 자신을 인터뷰하듯이 순서대로 말해 보자.

재현성을 높이려면 그날의 정경과 더불어 앞에서 말했던 정동을 말로 해보자. 자신의 몸에서 일어났던 변화를 입 밖으로 내 보는 것이다. '얼굴이 뜨거워졌다', '닭살이 돋았다', '등줄기를 똑바로 폈다', '눈을 깜박이지 않았다' 등 몸의 변화가 말로 정리되면 그 순간을 재현하기 위한 힌트를 얻을 수 있다.

POINT !
'나 홀로 인터뷰'를 통해 깨달음을 얻기까지의 과정을 언어화한다.

PART
❻

일을 성공시키려면
상대의 깨달음이
필요하다

조직은 개인의 깨달음만으로 돌아가지 않는다

지금까지는 개인의 깨달음을 위한 과정을 객관적, 과학적으로 해설해 왔다. 다시 정리해 보면 이미 실천해 왔던 일도, 잘못 실행했던 일도 있을 것이다.

이 책을 통해 깨달음에 대해 정리하고 즉시 활용할 수도 있지만, 당신의 깨달음 하나만으로는 모든 일이 진척되지 않는다.

예를 들면 이런 것이다. 앞에서 소개한 B 씨처럼 일을 진행하려면 그 일에 참여하는 사람들 중 당신 외에 한두 사람에게는 깨달음이 일어나야 한다.

그러므로 이 장에서는 지금까지 말한 깨달음의 원리를 상대에게도 응용하는 방법을 배워 보자.

상대의 뇌에 너무 많은 정보를 전달하지 않는다

우선 깨달음의 법칙① '뇌 속에 있는 답 알아채기'를 위해서는 상대방을 어떻게 대해야 할지 생각해야 한다.

본인이 아이디어를 떠올렸을 때는 기분이 좋아진 상태이므로 상대에게 일방적으로 정보를 전달하기 쉽다. 당신은 말을 하면서 머릿속을 정리할 수 있을지 모르지만, 상대방의 입장에서는 처음 듣는 말이므로 곧바로 용량 초과가 되고 만다.

상대의 뇌에 지나치게 정보를 많이 전달하지 않으려면 상당히 의식 혹은 노력해서라도 침묵하는 시간을 만들어야 한다.

한마디 건네고 침묵하면 상대는 이해가 되지 않는 부분에 대해 질문할 것이다. 이 질문은 당신이 전달하려 했던 내용을 매우 간결하게 정리해 준다. 질문을 통해 상대가 당신의 생각을 요약해 주는 것이다.

상대가 묻는 말의 순서는 그 아이디어를 실행에 옮길

때 협력해 줄 사람들에게 설명할 순서이다. 그러니 상대에게 아이디어에 대해 말할 때는 상대가 질문하는 순서도 같이 기억해 두자. 이것이 가능해지면 상대의 협력과 실행 순서를 동시에 얻을 수 있다.

당신의 말이 전달되는 것은 하루 두 번뿐?

주로 회의는 바쁜 일이 어느 정도 해결된 오후 시간대에 잡혀 있지 않은가?

인간의 뇌는 기상한 지 8시간 뒤에는 수면 물질로 가득해져서 그 활동이 둔해진다. 14시 무렵에 회사 내에서 말할 기회가 많다면 그 내용은 사람들에게 거의 전해지지 않는다. 이는 시계 유전자에 의해 객관적으로 지켜지는 리듬이므로 상대의 의욕 유무나 당신이 내놓은 제안의 참신성과는 상관이 없다.

앞서 기상한 지 3시간 뒤와 10시간 뒤에 기억력이 높아진다고 했는데, 상대방의 뇌도 마찬가지다. 자신이 학습하거나 정보를 수집할 시간대만 정할 것이 아니라, 상대방에게 정보를 전달할 시간대도 뇌가 잘 작동하는 때로 정해두자.

지금까지는 14시쯤 의견을 나누었다면 아침 9시로 시간을 변경하자. 이것만으로도 효과는 크게 달라진다.

당신의 직장을 상상해 보라. 모든 사람의 머리가 가장 맑은 시간대에 의견을 주고받을 수 있다면 어떨지 생각해 보자. 반응은 분명 달라질 것이다. 같은 것을 전달하더라도 뇌가 맑아지는 리듬에 맞추면 보다 손쉽게 상대의 깨달음을 촉진할 수 있다.

POINT !

자신의 뇌에 적용되는 것은 상대의 뇌에도 적용된다.

―
'○○ 완료'라고
상대에게 언어화시킨다
―

 평소 당신은 상대에게 작업을 재촉하듯 '아직 안 됐어?', '언제 다 돼?'라고 묻지 않는가?

 이 질문을 하면 상대의 머릿속에는 미처 완료하지 못한 것들이 떠오르기 때문에 결국 당신은 변명만 듣게 된다.

 당신은 상대에게 보고받기 위해서가 아니라 작업의 진행이 목적이었을 것이다. 그렇다면 상대의 뇌에 작은 성공의 기억을 만들어 주자. 상대에게 '무엇을 했는지', '무엇을 얻어 냈는지'와 같은 질문을 하자.

 스스로 생각해서 행동하는 사람은 실패해도 혹은 성공

해도 똑같이 '이번 일로 ○○에 대해 알았다'고 말한다. 무엇을 완료했는지 물어보면 상대는 스스로 생각해서 행동하게 된다.

대화를 통해서 상대의 머릿속에 있는 정보를 압축한다

언어화는 머릿속의 정보를 압축하는 것이라고 했다. 상대의 뇌에 빈 공간을 만들려면 당신 혼자 말해서는 안 된다. 상대에게도 제대로 말할 기회를 주자. 만약 당신이 리더로서 팀원에게 말을 거는 입장이라면 당신이 팀원보다도 말을 더 많이 하게 될 것이다.

현재 대화의 비중이 당신이 80퍼센트, 팀원이 20퍼센트라면 반대로 해 보자. 당신이 말하는 비중을 20퍼센트 정도로 줄여 보자. 리더는 팀원의 역량을 이끌어 내는 입장이기에 상대에게 언어화할 기회를 더 자주 부여해야 한다.

당신의 머릿속에는 프로젝트의 목표를 달성한 그림이 그려져 있지만, 같은 팀원들의 머릿속에는 아직 없다. 이미지가 만들어지지 않은 상태에서는 누구도 행동할 수 없다.

또한 당신이 리더라고 해서 모든 것을 팀원보다 먼저 이해해야 하는 것은 아니다. 실제 작업을 진행하는 팀원들이 자신들의 언어로 말하고 머릿속에 구체적인 이미지가 생기면 자주적으로 움직이는 집단이 된다. 그렇게 되면 목표를 달성한 이미지가 보다 다각적으로 만들어질 것이다.

POINT !

> 각자의 이미지를 공유할 수 있도록 상대에게 충분히 말할 기회를 주자.

상대의 뇌가
내향 네트워크를 이용하고 있다는 신호

다음은 법칙② '멍 때리기'에 대해서 보도록 하자.

상대의 뇌가 멍 때리면서 깨달음의 준비에 들어갔음에도 계속해서 말을 걸거나, 대답을 재촉할 경우 상대의 깨달음은 방해받고 결과적으로는 당신도 손해를 보게 된다. 물론, 하염없이 멍 때리고 있는 것이 좋은 것만은 아니다.

하지만 적절한 타이밍에 멍 때리고 있을 때는 오히려 그것을 촉진시켜야 효율적으로 일을 진행시킬 수 있다. 사실, 일하는 도중에 누가 봐도 알 수 있게 멍 때리는 사람은 없을 것이다. 그러니 상대의 뇌가 내향 네트워크 모드로 전환되어 효과적인 멍 때리기를 하고 있는지 아닌지를 잘 판단할 수 있어야 한다.

뇌가 내향 네트워크를 사용하고 있다는 신호는 쉽게 찾을 수 있다. 다음의 신호들을 발견했다면 상대의 멍 때리기를 방해하지 않도록 10초만 침묵해 보자.

①얼굴이나 머리카락을 만진다

말을 하면서 머리카락이나 얼굴, 목 근처를 만지고 있다면 상대의 뇌는 멍 때리면서 내향 네트워크를 사용하는 것이다. 여성의 경우 목걸이나 귀걸이를 만지고 머리를 자주 쓸어 올릴 것이다. 남성의 경우 옆구리를 문지르거나 넥타이의 매듭 부분에 손을 갖다 대는 등의 행동을 자주 보인다.

뇌가 멍 때릴 때는 깨어 있는 정도인 각성 단계가 낮은 상태이다. 각성 단계가 낮을 때 말을 걸면 뇌의 각성도는 급격하게 높아진다.

뇌를 각성시키는 물질로는 히스타민을 들 수 있는데, (가려움증을 개선하는 데 이용되는 '항히스타민제'를 들어 본 적이 있을 것이다.) 그 양이 지나치게 늘어나면 몸의 민감한 부분이 가려워진다.

히스타민은 명료하게 깨어 있는 상태에서 각성할 때보다 멍 때리던 상태에서 강하게 각성할 때 급격히 증가한다. 그 결과, 두피나 얼굴 등 민감한 부위에서 가려움을 느끼게 된다.

가려움을 자각할 정도의 강렬함은 아니기에 본인은 가렵다고 생각하지 않지만, 자신도 모르게 그 부분에 손을 갖다 대거나 문지르게 된다.

이 신호를 발견했다면 상대의 뇌는 무리하게 각성된 상태이다. 이때, 아마 당신은 지나치게 말을 많이 했을 것이다. 이런 상태에서는 뇌에 어떤 정보를 주입하더라도 상대는 그것을 받아들이고 처리할 여유가 없다. 그럴 때는 조용히 침묵하며 상대의 뇌가 정보를 처리하도록 시간을 주자.

②눈을 자주 깜박인다

최근 연구에서 인간의 눈 깜박임에는 디폴트 모드 네트워크가 관여한다는 것이 밝혀졌다. 눈을 깜박이는 것은 아까 깜박였을 때부터 지금 깜박일 때까지의 정보를 정리하는 중이라고 한다.

눈 깜박임은 오래 길어지는 문장에 어절을 만든다. 뇌는 어절을 나누어 정보의 덩어리를 만듦으로써 단시간에 효율적으로 말을 이해하게 한다. 당신이 말을 했을 때 상대의 눈 깜박이는 횟수가 늘어나는 것도 당신이 말을 너무 많이 했기 때문이다.

아마 다들 어렴풋이 느낀 적이 있을 것이다. '상대가 눈을 깜박일 때는 말을 이해하지 못했을 때'라는 느낌을 받았을 것이다. 이때, 상대의 뇌는 내향 네트워크에 의해 아이디어를 떠올릴 준비를 하고 있다.

상대의 눈 깜박임이 늘어나면 말의 속도를 조금 줄이거나 말과 말 사이에 약간의 시간을 두도록 하자. 말이 통했다고 느끼면 상대는 쓸데없이 눈을 깜박거리지 않을 것이다.

또한 동시에 어절이 만들어져 같은 정보의 덩어리가 머릿속에 그려지면 그것만으로도 말이 잘 통하게 된다. 상대와 같은 타이밍에 눈을 깜박이도록 해 보자. 상대와 대화의 리듬이 맞게 되어 서로를 더 잘 이해하게 되고 대화도 수월해진다.

대화가 순조롭게 이루어지는 것도 상대의 뇌가 작은 깨

달음을 만들어 내고 있다는 증거이다.

③ 턱을 들어 올린다

자세에서도 뇌의 각성 단계가 나타난다. 인간은 두 발로 걷는 동물이므로 중력에 대항해서 몸을 일으켜야만 한다. 이때, 몸을 지탱하는 근육은 항상 사용된다. 중력에 대항해서 몸을 지탱하는 근육을 항중력근이라고 하는데, 턱, 복부, 종아리, 허벅지, 엉덩이, 등 근육이 여기에 해당된다.

항중력근은 몸을 계속해서 지탱하고 있기 때문에 이 근육의 작용이 저하됐을 때는 뇌도 멍 때리면서 각성 단계가 낮아진다. 항중력근이 느슨해진 것이 가장 현저하게 나타나는 곳이 바로 턱이다.

근육 중에서도 면적에 비해 표출할 수 있는 힘이 클수록 우수한 근육이라 하는데, 인간의 몸에서 가장 우수한 근육이 바로 턱 근육이다. 이 턱 근육이 느슨해지면 턱을 들어 올린 자세가 된다.

턱이 올라가면 어깨가 가슴보다도 앞으로 나오고, 하복부도 앞으로 나오면서 새끼발가락 쪽에 체중이 실린 자세가 된다. 몸의 중심부에 힘이 빠진 상태가 된다.

상대가 이 자세일 때는 어떤 말을 해도 제대로 이해하지 못한다. 만일 팀원이 이런 자세를 취하고 있다면 그 팀은 생산성이 낮고 잔업이 많을 것이다.

디폴트 모드 네트워크가 가장 잘 활용되는 수면을 충실히 취하면 다음 날 아침에는 확실히 턱이 안쪽으로 들어간 자세가 될 것이다. 말은 그때부터 해야 한다. 수면을 통해 상대의 뇌에 빈 공간을 만들고 본론으로 들어가는 것이 당신의 말을 전달하는 데도 훨씬 효과적이다.

POINT !

상대의 동작이나 자세를 잘 보고 나서 본론으로 들어가자.

상대의 뇌에 메타 인지를 만드는 5가지 질문

 마지막으로 법칙③ '자신을 바깥에서 보기'에 대해 말하도록 하겠다. 상대가 효과적인 멍 때리기를 하고 있다면 메타 인지를 만들자. 메타 인지는 자기 자신을 외부에서 객관적으로 바라보는 것이다. 이는 스스로 훈련하기보다 상대와 함께 훈련하는 것이 좋다. 상대도 마찬가지다.

 대화를 활용해서 상대의 뇌에 메타 인지를 만들도록 하자. 상대의 메타 인지를 훈련시키기 위해서는 다음의 다섯 가지 질문을 염두에 두자.

① 확인하는 질문 : "어떤 의미인지 알려 줘"

상대가 한 말을 다른 표현으로 상세히 말하게 한다. 이 질문을 통해 상대는 자신이 한 말을 외부에서 바라보게 될 것이다. 같은 의미를 다른 단어로 설명해야 하기에 그것만으로도 보다 다각적인 이해를 하게 된다.

② 생각하기 위한 질문 : "A와 B의 차이는?", "만약 ○○라면 어떻게 될까?"

상대는 자신이 알고 있다고 생각한 것을 당신에게 말하지만, '알고 있는 듯한 상태'를 '명확하게 알고 있는 상태'로 만드는 것이 중요하다. 상대 입장에서는 굳이 생각해 보지 않았을 만한 질문을 해 보자. 상대는 말하면서 '아, 그런 뜻이구나' 하고 스스로 더 깊이 이해하게 될 것이다.

③ 핵심을 찌르는 질문 : "더 자세히 말해 봐"

대화는 주의를 기울여야 할 곳으로 서로를 유도한다는 장점이 있다. 그 장점을 충분히 활용하자. 상대가 집중하지 못할 때, 초점을 맞춰야 할 부분에 대해 질문하면 머릿속의 정보를 정리할 수 있게 되고 깨달음의 준비도 자연히 하게 된다.

④ 힌트가 되는 질문 : "○○에 대해 생각해 본 적 있어?", "△△는 어떻게 하면 사용할 수 있을까?"

이것은 상대의 생각이 미처 도달하지 못한 것에 대한 질문이다. 상대가 필요한 것을 모두 파악하고 있다고 착각하고 있을 때, 그가 미처 보지 못한 점에 대해 질문해 보자. 입장을 바꿔 생각할 기회를 주자. 이 질문으로 인해 상대는 고집했던 생각으로부터 거리를 둘 수 있다.

⑤ 메타 인지적 질문 : "어떤 것을 알았는가?", "어떻게 임할 것인가?"

끝으로 직접적으로 자신을 외부에서 바라보게 하는 질문이다. 이 질문으로 인해 문제에 몰두하지 않고 조금 떨어진 곳에서 자신을 통제하게 된다.

행동을 통해 알아낸 것을 언어화시켜 기억으로 만드는

것. 그 기억을 바탕으로 다음 과제에 임하기 전에 전략을 짜는 것. 이것이 가능해지면 아이디어는 자연스럽게 만들어진다. 한차례 일을 끝낸 뒤에는 그것이 잘됐는지를 떠나서 이 질문을 해보자. 분명 상대에게서 깨달음을 이끌어 낼 수 있을 것이다.

어쩌면 평소에 의식하지 않고 해 왔던 질문들일수도 있다. '상대방의 능력을 이끌어 내자'고 생각하면 이러한 질문을 자연스럽게 할 수 있지만, 이를 의식하고 기술로 활용하면 깨달음을 과학적으로 이용하게 된다. 그러니 꼭 의식적으로 활용해 보도록 하자.

POINT !

{ 상대에게 당신의 아이디어를 이해시키는 것은 당신에게 달려 있다. }

아무것도 생각하지 않기로 했다

초판 1쇄 인쇄 2017년 5월 24일
초판 1쇄 발행 2017년 5월 31일

지은이 스가와라 요헤이
옮긴이 김지은

펴낸이 박세현
펴낸곳 팬덤북스

기획위원 김정대·김종선·김옥림
편집 김종훈·이선희
디자인 심지유
영업 전창열

주소 (우)03966 서울시 마포구 성산로 144 교홍빌딩 305호
전화 070-8821-4312 | **팩스** 02-6008-4318
이메일 fandombooks@naver.com
블로그 http://blog.naver.com/fandombooks

등록번호 제25100-2010-154호

ISBN 979-11-86404-99-7 13320